Lo que aprendí del sexo después de sentarme a llorar

Patrizia de Jesús Castillo

Lo que aprendí del sexo después de sentarme a llorar

Grupo Zeta

Barcelona • Madrid • Bogotá • Buenos Aires • Caracas • México D.F. • Miami • Montevideo • Santiago de Chile

1ª edición: agosto 2013

Cra 15 Nº 52A - 33 Bogotá D.C. (Colombia)
www.edicionesb.com.co

ISBN:978-958-8727-90-5
Depósito legal: Hecho
Impreso por: Nomos Impresores

Índice

A todos los hombres de mi vida.

Detalles privados

Valentina interrumpe el beso largo y voraz. Despega los labios de esa boca adictiva que la apremia a entregarse. Es imperioso parar. No puede dar el siguiente paso si no se siente segura. Sabe lo que vendrá, el desenlace ya está previsto, pero la diferencia en su desempeño radica en atender ese detalle que le impide darle alas al deseo.

Valentina no es una mujer fácil. Hasta ahora el sexo jamás ha sido en su vida una cuestión accidental. Digamos que, de alguna manera, siempre ha presentido la ocasión destinada a un encuentro cuerpo a cuerpo. De modo que, cuando ésta se presenta, todo en ella revela esmero y cuidado.

Pero esta vez... esta vez una avidez inusual, exigente, la ha tomado por sorpresa. A duras penas le ha permitido pensar. Con su olor animal, R la está enardeciendo hasta el delirio, la ha hecho proceder con el puro instinto, hasta que un breve interludio de caricias le da un respiro para preguntar:

–¿Dónde queda el baño?

R le indica el camino con un gesto dolorido por el aplazamiento del placer. La ve alejarse y la anima a que se apure con un beso lanzado al aire.

Valentina camina como una autómata. Todavía no se la cree. Ella, tan seria, está dispuesta a darse una revolcada con un total extraño de aspecto tosco y ojos dulces.

Sacude la cabeza y los pensamientos lascivos para concentrarse en la idea de encontrar lo que necesita. Pide para sus adentros que haya una buena provisión de productos de aseo personal o, al menos, de aquellos imprescindibles.

En el baño el espacio es limitado, pero cuenta con un espejo vertical lo suficientemente generoso como para reflejar tres cuartas partes del cuerpo. Aprecia su reflejo, de pantorrillas hacia arriba, y le satisface lo que ve: agradece en silencio la fortuna de tener un culo duro y bien torneado, además de otros atributos que han hecho de su cuerpo un objeto de lujuria.

Todo está más que bien, excepto aquello que la ha impulsado a dirigirse hasta allí.

Con sigilosa rapidez procede a abrir los compartimentos inferiores del mueble de cedro sobre el que reposa un lavamanos deslumbrante de formas simples. El alivio es instantáneo. Al final de una gaveta, posado en solitario, encuentra algo que puede llamar un pequeño milagro: una maquinilla de afeitar desechable y ¡sin estrenar! Sus hojas esterilizadas, pulcras, la inspiran a realizar un trabajo brillante, casi profesional.

Con la maquinilla en la mano, Valentina divaga sobre el poder que le podemos conferir a una afilada hoja de metal, piensa en actos decididos y en insospechados desenlaces: tragedia, rutina, placer. Podría optar por cualquiera de ellos. Con sólo vislumbrarlo es inevitable sentirse como un pequeño Dios que manipula sus juguetes.

El tiempo no da espera. Valentina procede: las finas láminas de acero delimitan diestra y cuidadosamente ese triángulo a punto de abrirse al hombre que espera, inocente de lo que sucede a unos pocos metros de distancia.

Una sensación extraña y gratificante se apodera de ella. Tiene la certeza de que todo se ha confabulado para hacer memorable esa noche cálida y salobre, aunque en verdad para ella sólo signifique un fugaz y merecido episodio de autogratificación.

¿El escenario? Un refugio idílico sitiado por el mar, donde la inminente cópula ha sido precedida por una conversación llana y escasa. La compensación estará en un minucioso y temerario preámbulo amatorio que no habría tenido lugar si no hubiera logrado afeitar la línea del pubis. Sencillamente, nimios detalles como ése inhiben a algunas mujeres para lanzarse a una tirada.

Pero allí no acaba todo. Un fiel y claro sentido del pudor y la excelencia la mueve a borrar cualquier rastro de aquel procedimiento sin gracia. Armada con papel *toilette*, se aplica a limpiar la taza, el piso, el soberbio lavamanos, hasta tener la certeza de haber eliminado todo vestigio de la gruesa pelusa que enturbiaba su monte de Venus.

Desnuda frente al espejo, da una última mirada a su cuerpo. La complace ese caprichoso toque de distinción que ahora luce en el centro.

Valentina sale del baño. R, febril a causa de la espera, se acerca a ella.

–¿Lista? –pregunta ansioso.

Valentina asiente. No tiene un pelo de duda.

PRIMERA PARTE

El sexo y sus intrincadas facetas

Los buenos y los malos polvos

Give me the first taste
let it begin
heaven cannot wait forever
FIONNA APPLE

¿Qué es un buen polvo?, me preguntaron alguna vez, y me quedé muda, pensando, evocando alguno de esos instantes preciosos de mi accidentada vida sexual, cuando el tiempo se detuvo y pude sentir lo efímero y lo eterno, lo sublime y lo básico.

Tal vez es imposible estar de acuerdo en definir un buen polvo. Inciden tantas variables como posturas propone el Kama Sutra. La razón es que, tanto los buenos como los malos, podrían clasificarse a partir de variables como el tiempo. El tiempo, a su vez, podría subdividirse en otras categorías: tiempo de preámbulo, tiempo de conexión, tiempo de penetración, tiempo de éxtasis y orgasmo, frecuencia en el tiempo… Categorías o variables imposibles de medir con objetividad.

A muchos hombres les sorprendería saber que un buen porcentaje de mujeres detesta los polvos eternos.

Otra variable para clasificar esos encuentros cuerpo a cuerpo sería la variedad, y aquí entrarían en juego otros factores: variedad de escenarios, variedad de posiciones, variedad de juguetes, variedad de atuendos…

A muchos hombres les sorprendería saber que hay un buen porcentaje de mujeres que prefieren lo conocido, lo seguro.

Otras variables serían: sincronía, ritmo, expresividad, intrepidez o audacia… Pero, ¿cómo emitir juicios objetivos? Mientras a unos les gusta llegar al tiempo, otros prefieren hacerlo de últimos; mientras unos se encienden con alaridos de gata en celo, a otros les baja la nota el más leve susurro; mientras unos adoran los juguetes, otros los juzgan decadentes; mientras unos encuentran excitante combinar sexo con comida, a otros les produce nauseas; mientras unos prefieren tomar la iniciativa, otros se sienten más cómodos siendo seducidos.

Los buenos y los malos polvos son como la vida, todo es cuestión de perspectiva. No hay duda de que cada cual podría diferenciar claramente los encuentros memorables, de esos que mejor sería olvidar. Sin embargo, lo que hace la diferencia, en definitiva, es lo que te produce ese encuentro íntimo con el otro, algo tan personal como el sexo mismo.

Para mí, un buen polvo es producto de lo que soy, de la manera como interactúo y me expreso en esa apasionada danza de dos que se decanta en el intercambio intuitivo y mágico de placer recíproco; es encajar y ser uno con el otro.

Hay un cuento de May Sinclair, "Donde su fuego nunca se apaga", que me produce un efecto semejante: sorprendente y encantadoramente perturbador, inolvidable. Como todo buen polvo que se respete, la historia que concibe el infierno como el acoso de un amante imposible, todavía ronda mi memoria produciéndome una sensación indescriptible.

Un buen polvo debería ser, para la cotidiana vida de cualquiera, lo que Stanley Kubrick y su *Naranja Mecánica* son para el cine: una experiencia imborrable. O quizá, sin aspirar a tanto, como esa canción –no importa cuál, mejor si es de David Bowie– que escuchas a primera hora de la mañana e irremediablemente tarareas el día entero, así no lo quieras. Porque los buenos polvos tienen el poder de invitar a la evocación.

Pero, en esencia, un buen polvo es pura cuestión de química y, por consiguiente, la consumación del más ardiente deseo. Es algo que quieres volver a repetir hasta el infinito. Qué más da si la técnica y el desenlace de esos anhelados primeros encuentros resulta un apareamiento torpe y carente de sincronía, todo vale mientras exista el ingrediente de la pasión explosiva. Al fin de cuentas, la clave de los buenos polvos es que *todos* obedecen a un famélico desenfreno de dos, a una lujuria insaciable… que irá afinándose con el tiempo.

Más allá de ser inolvidables, memorables, los buenos polvos en tiempo presente, tienen el poder de situarte en el ahora, de hacerte vibrar y fluir con el universo en un instante supremo.

Los malos polvos, por su parte, son los que ocurren y pasan por tu vida sin pena ni gloria: intercambios de fluidos que no generan expectativas de un segundo "round", ni mucho menos el anhelo de la piel, el sabor, el olor del otro.

Los malos polvos son los desencuentros que nos dejan el gusto amargo de la culpa, no por pecaminosos, sino por esa desabrida pérdida de tiempo. Son los apareamientos automáticos y predecibles de mirar al techo, dar la espalda apenas acabas y seguir como si nada.

Los malos polvos son los que no te marcan, los que no te elevan, los que no te inspiran. Son aquellos que ejecutas, cometes, echas, haces como una tarea más entre las muchas que ocupan tu día a día. Son asuntos que incluyes en tu agenda en la categoría de deberes, al final de la lista del mercado o debajo de "llamar a la suegra".

Los malos polvos, nos guste o no, forman parte de la rutina, de la cotidianidad de la vida plana. Todos ellos serían dignos de olvidar si no fuera porque en la Galería de los Polvos hay una sala donde se exhiben, para nuestra edificación y vergüenza, aquellos polvos desatinados y extraviados que tuvimos, tal vez buscando el amor… esos polvos tan malos que resultan imposibles de olvidar.

El Encoñe: O ese oscuro objeto de deseo… que nos tortura tanto

Open up your heart to me
show me who you are
and I would be your slave
David Bowie

…I'm born again every time you spend the night
Cause your sex takes me to Paradise
Bruno Mars

Aparte de hacerme evocar el sugerente título de una película de Buñuel, tratar este asunto en un principio resultó complicado para mí. A pesar de que puedo hablar del encoñe con autoridad en un espacio informal, porque lo he padecido infinidad de veces, no es fácil escribir sobre estas experiencias que nos hacen sentir de cuerpo presente en esta tierra… Gracias a esa suerte de deliciosa maldición, a un buen número de seres humanos se nos ha revelado el lado más primario, vulnerable e irracional de nuestra naturaleza.

Dado que todo aquel susceptible de disfrutar el sexo habrá degustado o degustará al menos una vez en la vida el agridulce sabor de un encoñe, me preguntaba qué podía yo aportar.

Partamos de lo que sabes:
Sabes que un encoñe tiene el increíble poder de quitarte el sueño, aniquilarte el hambre y robarte la tranquilidad… Te hace sentir en la cima del mundo, pleno de dicha y vitalidad.

Sabes que la historia de la humanidad está plagada de todo tipo de encoñes, desde los más sublimes y afortunados, si así puede llamárseles, hasta aquellos que han acarreado consecuencias devastadoras.

Sabes, por supuesto, que debido a la conquista de ese oscuro objeto del deseo han sucumbido imperios y estados, han caído monarcas y han tambaleado presidentes, han llegado a su triste final grandes amores y uniones estables, se han diluido fortunas y se han librado batallas míticas, como la de Troya.

Sabes que la gran pantalla ha recreado el encoñe de manera profusa (llevado al extremo del drama) con *Atracción Fatal*, *Nueve semanas y media*, *Último tango en París*, *Infidelidad*, y *Básicos Instintos* (*I* y *II*), por citar sólo unos cuantos ejemplos de una lista interminable.

También sabrás que el encoñe ha inspirado tantas obras líricas y musicales sorprendentes como "En la cárcel de tu piel", la balada setentuda del cantante español Braulio, cuya inquietante y seductora letra la convirtió en un *hit* por excelencia de la música de plancha.

Sabes que un encoñe puede llevarte a querer desaparecer de este mundo, como le ocurrió a una amiga a quien le serví de paño de lágrimas, de alcahueta y loquera en el momento en que un condenado encoñe la hizo cortarse las venas.

Lo que tal vez no sepas es que el encoñe también está plagado de aspectos curiosos y, por cierto, rara vez señalados:

¿Quién dijo que de buenos polvos se trata?

Un encoñe no siempre está relacionado con una faena sexual prodigiosa. Encoñarte con una persona a veces involucra sentimientos y emociones tan inexplicables como obsesionarte con su olor, con su cuerpo, con su forma de hablar... o, sencillamente, desquiciarte frente al hecho de no poder tenerla, alcanzarla o poseerla, sin importar qué tan ardiente o buena amante sea.

Hay encoñes atormentadores, deprimentes hasta el tedio, que no van más allá de los encuentros furtivos en un motel. Pero, a pesar de esos polvos tristes, a pesar de que dejan en el alma un terrible sinsabor, insistimos en repetir con ansias locas "el próximo jueves, a las cinco, como de costumbre". Lo grave es que sabemos muy bien que el esperado encuentro no durará más de los siete minutos "reglamentarios" y que todo se limitará a la posición del misionero.

Ni efímero, ni intenso

Otro aspecto poco divulgado del encoñe es que, contrario a la idea de que son breves porque lo bueno dura poco, hay unos que duran años; incluso, una vida entera. El encoñe, al igual que todo lo que produce apego, no escapa a la fuerza de la costumbre.

Sin embargo, el encoñe también es susceptible de sufrir los estragos del tiempo que todo lo erosiona. Con el correr de las semanas y los meses, y a fuerza de los recurrentes encuentros, puede mermar el ardor que caracterizaba esas exquisitas faenas como de estreno, de tener sexo urgente con la ropa puesta.

No siempre es como lo pintan

El encoñe tiene mucho que ver con la fantasía. Puede obedecer, en un setenta por ciento, a un anhelo o deseo no consumado y, en un treinta por ciento, a su materialización. La excitación mental y física, que sentimos cuando anticipamos un encuentro con ese ser que ejerce en nosotros un fuerte atractivo sexual, puede superar de manera significativa el placer experimentado con él. Después de imaginarte haciendo el amor de mil formas distintas y maravillosas, con ese tipo o vieja que te enciende los sentidos de sólo mirarle, no resulta ser tan espectacular como creías. Pese a ello, continúas pegado o encoñado a esa persona, motivado con la idea de hallar en él o ella al amante que con tanta inventiva creaste en tu mente.

No siempre de amor se trata

El encoñe puede catalogarse como una infatuación o una obsesión poderosa e inexplicable por alguien. Puede identificarse con ese primer estadio de enamoramiento que nos hace sentir en las nubes. Las mujeres, con más frecuencia de lo que desearíamos, incurrimos en el error de confundir encoñe con amor, quizá porque no estamos acostumbradas a echarnos un polvo porque sí y punto, o tal vez porque el orgasmo, según afirma la Medicina Tradicional China, estimula o despierta el chakra del corazón.

Pero encoñe que se respete tiene que asimilarse al amor verdadero. Qué más da si es tan intenso como la traga de Romeo y Julieta y, en contraste, tan breve como un polvo de gallo.

Ya se trate de una verdadera traga o de puras ganas, el perfecto encoñe se caracteriza por una dosis exacerbada e inagotable de buen sexo sazonado con conexión y pasión sin medida. Es una cuestión tan adictiva que, una vez vivida a plenitud, no podrá ser dejada de lado sin poner tierra de por medio, apelar a una fuerza de voluntad suprema (que casi nunca aflora en esa singular circunstancia) o a un milagro de la Virgen del Carmen.

Por lo dicho, y por la forma como un encoñe puede iluminar el semblante y la vida de quien lo goza, resulta imposible para muchos renunciar a ese estado de demencia temporal. Lo que es peor, la experiencia los incita a la búsqueda de sucesivos encoñes, al peligroso ejercicio de saltar de cama en cama, para sólo así (siempre de reestreno) vivir en un encoñe eterno.

El lado oscuro del encoñe se evidencia en el instante en que el ansiado polvo sólo te deja un gran vacío y, a pesar de ello, te haces pajazos mentales que justifican el que te hayas convertido en un objeto sexual o el que hayas transgredido tus propios límites, poniendo en juego tu dignidad. Es entonces cuando el encoñe adquiere tintes de drama, y las lágrimas de dolor son más que los suspiros de éxtasis.

Cuando eso ocurre, es tiempo de poner pies en polvorosa y darle al encoñe un decoroso final, con la certeza de que el tiempo todo lo cura. Si no fuese así, te aseguro que no hubiera podido escribir sobre esa incomprensible emoción, mezcla de adicción, obsesión y locura. Por suerte este tema (para mí bien) lo tengo felizmente superado.

Amigos – Amantes

I'll put a spell on you
before you sleep.
I'll put a spell on you
When I wake you I'll be the first thing you see
And you realize that you love me
Aqualung

Muchos tipos sostienen que entre un hombre y una mujer la amistad no es posible. Les creo.

Partamos del hecho de que un tipo normal está pensando en sexo la mayor parte de su tiempo. Entendamos que de sus fantasías y elucubraciones eróticas a duras penas escapa su madre. No olvidemos el complejo de Edipo. A partir de esa premisa, ¿qué te hace pensar que no eres lo suficientemente apetecible como para que él descarte de plano la idea, fantasía, esperanza, sueño, anhelo, ambición o capricho de darte un revolcón?

Sobre las formas como cada hombre intenta liar a cualquier mujer que considera "comestible" (incluidas las amigas, por supuesto), podrían escribirse pastorales. Pero no se trata de ilustrar aquí sus infinitos intentos o estrategias de seducción. El caso es que entre un hombre y una mujer la amistad no es posible, a menos que...

> ... Se hayan tropezado en el plano más íntimo, la cosa no haya resultado y muuuuucho tiempo después, cero resentimientos, cada cual con su respectiva vida, se derrumbe el muro de tensión sexual que antes les impedía funcionar como "hermanitos".
>
> ... La brecha generacional, estética y/o circunstancial sea tan grande, que no haya lugar para encuentros cuerpo a cuerpo ni idilios de telenovela. Ejemplo: ella es más fea, más vieja o mucho más joven, más importante

o menos importante, más casada, más comprometida, más jodida, con más principios que un putas y, por esas u otras razones, es *mejor así*.

... Los dos son, o uno de los dos es, *gay*.

... Los dos hayan decidido que ganan más siendo amigos que cualquier otra cosa, porque se entienden, porque tienen el mismo sentido del humor, porque se parecen o porque no se parecen, porque ven la vida de la misma manera o de forma bien distinta, porque más vale contar con un ser que te descifra, te respeta y te canta las verdades como nadie más y es toda una fortuna hallar a alguien así.

Es por eso que hoy tengo amigos. Después de haber estado enamorada de unos, después de haberme acostado con otros, y después de haber comprendido y decidido que, en efecto, era mejor así.

Pero en honor al viejo paradigma de creer que una delgada línea separa al amor de la amistad, vayamos a un caso hipotético:

Estás enamorado(a) de tu mejor amigo(a) porque, con base en un viejo paradigma, no es de extrañar que en una cómoda y duradera relación de amistad de repente surjan chispas y se materialice un romance que felizmente acabe en noviazgo o en matrimonio.

Decides confesar ese amor que te tortura.

El riesgo es que, a raíz de esa confesión, se resquebraje indefectiblemente el compartir basado en complicidades, confesiones e incondicionalidad a toda prueba.

Considerando lo que hay en juego, es natural que la idea de convertir a tu mejor amigo(a) en tu pareja resulte tan paralizante y aterradora como lanzarte al vacío sin paracaídas. Es entendible.

Pero, reconócelo, mantener un amor callado y en secreto puede resultar demasiado agobiante. En especial si al cabo del tiempo descubres que tu pareja no te escucha, no te entiende, ni mucho menos se conecta contigo de la manera en que lo hacía o lo hace tu mejor amigo(a). Es entonces cuando caes en los "Y si". Los recuerdos del pasado o esa sensación de empatía única te persiguen como una obsesión, y ese alguien con quien disfrutabas o disfrutas cómodos silencios e interminables charlas existenciales se torna en una sombra que no deja de acecharte. El tiempo, la distancia o las circunstancias hacen lo suyo y alimentan ese ideal.

Sin embargo, el tiempo, sabio hacedor, también aporta las respuestas. Así como convoca los milagrosos y bienaventurados reencuentros, nos obliga a bajar de la nube. Muchos hemos sufrido la decepción de volver a ver a la llavería del pasado para comprobar que ya no tenemos nada en común. Lo paradójico es que esa decepción es como un pequeño rasponcito que al final no duele tanto y tampoco deja una gran cicatriz.

El tiempo todo lo cura, lo borra y hasta nos vuelve un poco indolentes frente a lo que alguna vez fue importante.

Además, la realidad muestra que…

> … La amistad y el amor son dos prismas distintos, cada uno con su propio fulgor. Pero el ser humano desarrolla cada faceta de su vida de maneras tan distintas, que es difícil asumir un cambio de roles entre la amistad y el amor.
>
> … No todos los buenos amigos son buenas parejas.
>
> … No todos los que son buenas parejas tienen la habilidad de ser, al mismo tiempo, buenos amigos.
>
> … El amor y la amistad pueden verse como opuestos (aunque deberían ser complementarios).
>
> … Siempre será ingenuo pensar que entre los miembros de una pareja, que en el pasado fueron amigos, todo seguirá igual. Toma su tiempo, por no decir que toda una vida, recuperar al amigo que conviertes en tu amante.

El ideal sería que fuéramos tan tolerantes e indulgentes en el amor como lo somos en la amistad, y que nos preocupáramos por los sentimientos de nuestra pareja en la misma medida en que lo hacemos cuando se trata del amigo.

Lo cierto es que compartir las sábanas con tu paño de lágrimas siempre ha sido una posibilidad. Sólo que ahora, cada vez con más frecuencia, surgen las relaciones híbridas Amigos–Amantes. Algo que sólo puede funcionar cuando los dos se sienten tan cómodos como en el sofá donde ven la tele; cosa bastante dudosa.

A continuación mi clasificación de las relaciones híbridas:

Los amigovios: Se trata de esa relación en la que sus integrantes, además de ser amigos, tienen aspiraciones más serias, pero sin haber llegado a los formalismos. Bien llevada, esta relación podría ser la antesala del noviazgo. Se caracteriza por llamadas frecuentes, mas no diarias; salidas entre semana, sin descartar cualquier fin de semana; cierto grado de exclusividad no manifiesta, agarraditas de mano y un beso francés de cuando en vez y de vez en cuando.

Los amigos con derechos: Son aquellos a los que se les conceden ciertos derechos o beneficios, como el beso, el amacice y los juegos preliminares al sexo. En este tipo de relación, exenta de vínculos afectivos, la química está a la orden del día. Sirve para combatir el *desparche* y los domingos aburridos. En esta categoría también entran los polvos consensuados como un mientras tanto.

Los ciberamigos: Son los amigos que se aman, se gustan y se tienen tremendas ganas... pero, por distintas circunstancias, sólo pueden consumar sus deseos en la realidad virtual. Se distinguen por sus laaaaargas chateadas con confesiones, tarjetas románticas, mensajes candentes y ocasional porno casero.

Los amigos eróticos: Es una modalidad de amistad con beneficios llevada al extremo, lo cual sirve en esencia para acabar con los áridos veranos. Este tipo de amigos se caracteriza por manejar reglas de juego claras: "a lo que vinimos" y adiós. Riesgo: decepción y/o un corazón roto.

Los tinieblos: Son aquellos que, por alguna razón, son inmostrables, inexhibibles. La característica de esta relación híbrido es la discreción extrema que sólo otorgan las penumbras. Su condición no necesariamente es ilícita, por lo tanto, en cualquier momento el amigo tinieblo puede salir a la luz y tornarse público. Entonces, podría perder su encanto.

Los amigos platónicos: En esta relación la tensión sexual puede casi palparse pero nunca se consuma. Se trata de los típicos amores imposibles: de oficina, de hombre mayor–mujer menor, de tío con sobrina, mamá cuchibarbie con mejor amigo de su hijo, en fin... es aquella relación en la que cualquier rocecito inocente amerita un "perdón", con la consecuente sonrojada.

Y están los cobardes de remate, quienes dejan pasar la oportunidad de sus vidas por temor a afrontar el riesgo y lidiar con las consecuencias.

Sexo y compromiso

So I wanna know
what's the name of the game
Abba

Muchos recuerdos regresaron cuando me propuse escribir sobre algo que, para ellos, es tan álgido como incómodo y, para nosotras, tan anhelado. No pude evitar evocar todas las veces que me acosté con el hombre equivocado, creyendo que era el acertado, y terminé con un sentimiento de culpa más grande que una catedral.

¿La razón? Esperar infructuosamente la anhelada llamada, después de la noche de… y ver que ¡naaaaaaada pasa!, es una experiencia devastadora para la autoestima de cualquier mujer. No te queda opción distinta a sentirte como puta engañada y concluir que basta acostarte con un tipo para perderlo de vista o, al menos, para que decrezca de forma considerable su interés en ti. ¿O acaso no es cierto que mientras no cedes a su propósito de meterte en su cama lo tienes pegado a tu sombra como perrito faldero?

La verdad cruda y pura, te guste o no, es que decirle a un hombre *no* es suficiente incentivo para tenerlo detrás de ti, para convertirte en su obsesión y reto. El misterio y expectativa que le generas es directamente proporcional a la dilatación de la espera por el gran "premio"; lo cual no implica que sean ellos los depredadores y nosotras la encarnación de la inocente presa. El quid del asunto radica (tarde lo comprendí) en que el deseo de conquista está tan arraigado en la naturaleza masculina, como el instinto de supervivencia.

Sin embargo, las mujeres postmodernas, tan conscientes de nuestros recién adquiridos derechos en el campo amatorio, hemos dejado de reconocer en el hombre ese instinto ancestral de conquista y posesión todavía tan vivo en su esencia. En nuestro afán de liberarnos de la carga abrumadora de prejuicios y ataduras que históricamente nos obligó a asumir una actitud de sumisión y pasividad frente al sexo, nos hemos ido por el camino de la confusión… Queremos fornicar como ellos, pero cada vez que lo hacemos nos invade el remordimiento de haber pasado una noche loca con un fulano al que apenas conocíamos. Las cosas se ponen mucho peor si después de haber sentido y creído que habíamos visto estrellas en ese encuentro casual cuerpo a cuerpo en el que experimentamos una conexión inusual, la realidad post éxtasis se torna tan exenta de magia, que la caída de nuestra propia nube resulta insoportablemente dolorosa.

Mientras en ellos es ineludible el ansia de conquista, en nosotras es innegable la necesidad de control; llámese atención, amor, entrega o exclusividad.

En nuestra cabeza, en nuestra vagina… en todo nuestro ser permanece grabada como con tinta indeleble la premisa de que el sexo sin amor es inadmisible. Ante eso, es mejor "enamorarte" cada vez que copulas, justificarte con una traga infundada y, de paso, sentirte deprimida, usada, decepcionada frente a la actitud del fulano que después de haberte lamido y poseído te deja de lado viendo un chispero, y sin darte la menor explicación. Es más fácil, entonces, lidiar con la sensación de haber sido un objeto sexual, que aceptar con honestidad que cediste a la tentación del brutal apareo por puro instinto animal.

Pero esperas la llamada a pesar de ese mal polvo, de la falta de sincronía, de los besos insípidos, del vacío.

Por eso no es de extrañar que te niegues a experimentar, sin mayores expectativas emocionales, el sexo de una noche, el que sucede porque sí, porque se te alborotan las hormonas, y algo más, con ese macho alfa con el que has tenido una conversación deliciosa… y el vino, la penumbra, su perfume y cualquier otra cosa, propician el desliz que, sin embargo, corre el riesgo (y hay que asumirlo) de pasar a la historia de los polvos que sólo sirven para engrosar tu secreto patrimonio de tropezones intrascendentes. El sinsabor es el producto de esa señal, de ese gesto final que no encaja y deshace el hechizo: la típica palmadita en la espalda (de bájate), el duchazo inmediato en solitario, el silencio incómodo, las explicaciones innecesarias, la ausencia del abrazo, el "vámonos ya" y el vago "nos vemos" o "te llamo". Todo por el hecho de no haber entendido aún que mientras para ellos el sexo es un fin en sí mismo, y que pese a eso no es determinante a la hora de crear un vínculo real y duradero, para nosotras es el vehículo para llegar a donde queremos.

Besas, muerdes, lames y lo complaces con esa nueva postura (aunque no te guste mucho) para ganártelo, para que otra más viva no te lo quite, para encoñarlo y hacerle sentir que como tú no hay quien tire. Negocias, te vendes, juegas, te niegas y accedes con, y a partir de, tu vagina. Utilizas tu cuerpo accionado a "control remoto" por tu mente, donde danzan de manera frenética tanto miedos como románticas fantasías; mientras él, cual niño con su juguete, es tan básico que se contenta con un buen *blow job*.

Pero el tema es cómo vincular el sexo con el compromiso, eso a lo que ellos tanto le huyen. Si has pensado en someterte a una vida de literal celibato o abstinencia voluntaria (tal y como hice alguna vez en mi vida), pensando que es la única manera de mantener vivo el interés de ese tipazo que te quita el sueño y te hace mojar los pantis, tengo que advertirte que en el siglo 21 esa jugada es inútil. La competencia allá afuera es despiadada, el sexo está a la orden del día y las relaciones de pareja se consolidan y también culminan en un abrir y cerrar de ojos.

Lamento decirte que no tengo la fórmula para que dejes de ser la amiga con beneficios, pero sin derecho a reclamos de exclusividad, para convertirte en la novia formal que él elija llevar al altar. A menos que estés dispuesta a jugarte el polvo de tu vida: salvaje, sucio, impredecible e inolvidable… y luego desaparezcas de su panorama sin más ni más. Aun así, te reitero: no existen fórmulas infalibles, porque siete minutos de placer no alcanzan para abarcar el tiempo residual de 23 horas y 53 minutos que le quedan a un día por llenar.

Si te sirve de consuelo, yo tampoco sabría cómo putearme con cualquier tipo sin afincar un mínimo atisbo, una ilusión en mi corazón, en el sentido de lograr impresionarlo al punto de ser importante para él e inspirarle a hacer la añorada llamada o a enviarme flores el día después. De haber tenido la certeza sobre cómo liar esos dos aparentes opuestos: sexo y compromiso, me habría atado al hombre de mi vida demasiado joven, demasiado ingenua, demasiado pronto, y me habría perdido esos agridulces tropezones íntimos, exquisitos y dolorosos que hoy me permiten escribir estas líneas.

Hay una frase de Alberto Moravia que cambió mi perspectiva sobre el amor y el sexo. Es simple, pero tan sabia como la vida misma: "Siempre podrá haber sexo sin amor, pero nunca, nunca, amor sin sexo".

¿Sexo *cool*?

The tide is high but I'm moving on
Blondie

Lo reconozco: durante mucho tiempo fui una analfabeta sexual en lo que concierne a juguetes, accesorios eróticos y prácticas exóticas en la cama.

En el camino tuve parejas muy normales, con las que un buen polvo jamás requirió de mayores artificios. También conté con la fortuna de formar parte de ese bendecido 35 por ciento de la población femenina al que se le dan con facilidad los orgasmos. Y, si la cosa iba bien, ¿para qué inventar más?

Hasta que un día descubrí que, en este mundo postmoderno, el sexo no era inmune a los embates de la moda. De repente, como la chica que no se goza la fiesta por llevar el vestido menos apropiado, me vi fuera de contexto. Había que aceptarlo: yo no era *cool* en la cama.

¿La razón? Poderosa. Mis amigas, hasta las más mojigatas, hablaban del nuevo consolador que había salido al mercado. El compañero de oficina hacía alarde de su *kit* personal, y mi pareja, hasta el momento un tipo bastante normalito, llegó una noche a insinuarme que hiciéramos un trío.

¡Vaina tan jodida, esa de sentirte fuera de lugar! En especial cuando todo apunta a recordarte que no estás en onda, y tantas señales cumplen el propósito de abrumarte hasta la mortificación.

Mi mejor amiga me habló sin tapujos de su última proeza sexual: masturbarse frente al marido con un aparatito recargable provisto de cuatro frecuencias de intensidad, hecho exclusivamente para estimular el clítoris. Cualquier noche, pasando canales en la tele, me tropecé con un documental de Max Prime, que mostraba con total crudeza el mundo de los *swingers*, en una abierta apología del amor libre. Y, para cerrar con broche de oro, la revista para la cual colaboraba como *free-lance*, me pidió que incursionara en un *sex shop*, con el fin de ilustrar a los lectores acerca de lo más novedoso en juguetes para el disfrute del amor carnal.

Nada qué hacer. Así, obligada por las circunstancias, de *tour* por una tienda sexual comencé mi aprestamiento en materia de juguetes y prácticas eróticas exóticas. Gracias a ello, escribí una crónica documentada y minuciosa sobre un completo y variado inventario que incluía sofisticados aparatos, videos y fetiches dignos de un Marqués de Sade del siglo 21. La visita al *sex shop* contribuyó a incrementar mi cultura general. Ahora puedo explicar para qué sirven las bolitas chinas, en qué se diferencia un vibrador de un estimulador y cuál es el propósito de colocar un aro en la base del pene.

Pero, como del dicho al hecho hay mucho trecho, a pesar del estupor que me produjo tal despliegue de inventiva, superado el "trauma" inicial concluí que prefería el sexo sin artificios. En definitiva, poco me importa ir en contravía de las tendencias postmodernas.

En lo que a echar un polvo se refiere, creo que debemos ser tan éticos y fieles a nosotros mismos como en todo lo demás. Prefiero lo natural, so pena de caer en la categoría de reprimida o que me tilden de remilgada en la cama.

Lejos de cualquier mojigatería, pienso que a la hora de expresarnos en la intimidad es condición *sine qua non* sentirnos libres de miedos y prejuicios. Para mí es claro que el cuerpo, *mi* cuerpo, es la mejor herramienta que tengo a mi disposición para alcanzar el placer y entrar en perfecta sincronía y comunión con mi pareja. Por eso insisto: ¿para qué más? En toda una "biblia" del sexo como el Kama Sutra jamás se alude a juguetes sexuales. Bastan tu propia anatomía, tus inimaginables zonas erógenas y las 64 artes para conducirte, de manera infalible, a un placer que la cultura hindú describe como divino.

La pregunta sería entonces: ¿Para qué complicarse la vida con aparatos, tríos y multitudes en un espacio tan reducido como la cama? Si el intento de mantener una buena y satisfactoria relación de pareja es ya toda una hazaña. Además, eso de jugar al ahorcado para experimentar el orgasmo de tu vida te puede conducir a la muerte, como al parecer le ocurrió al muy intrépido, y torpe, David Carradine. Célebre por sus papeles en películas de artes marciales, Carradine murió en el 2009, a los 73 años de edad, por asfixia autoinfligida, una práctica que busca aumentar el placer durante la masturbación.

Pero como en la guerra y en el amor todo se vale… fuera de toda presión, hazlo como mejor te guste. Lo importante es que tú y tu pareja coincidan en una misma "ética" sexual. No sea que por aquello de las tendencias, caigas en el error de sentirte en desventaja justo en el lugar donde querer estar a tono con la moda es inversamente proporcional a ser *cool*.

Un *tour* por el *sex shop*

I want to be a hunter again
Dido

Un amigo me había hablado de su *kit* personal, de los infinitos juguetes que existen para el placer, de sus periódicas visitas al *sex shop*, y yo sólo reía para mis adentros y pensaba que el tipo estaba medio loco. No alcanzaba a imaginar qué más se podía inventar sobre el sexo, si desde hace siglos existe el Kama Sutra, si Playboy ya tiene como cien años y las películas triple X se han quedado cortas frente a la profusión de páginas picantes y videos caseros más que explícitos que encontramos en Internet.

De verdad, no sabía a qué venía tanto agite con los *sex shops*, hasta que decidí averiguarlo. Así que aproveché la propuesta de la revista y me fui libreta en mano y con una actitud muy profesional, la de toda una periodista investigadora y acreditada por un medio reconocido, a indagar sobre un tema que había picado mi curiosidad.

Para la particular tarde de reportería convidé a una amiga cómplice, de esas con cara de "yo no fui" que están dispuestas a ayudarte a desaparecer el muerto si cometes un crimen. Como era más seria que una boleta de captura, ella era la indicada para hacer esas preguntas incómodas que la ocasión requería.

Llegamos al sitio muy engafadas, al estilo Jackie O, para no ser pilladas por cualquier conocido o amigo chismoso. No queríamos ganarnos la fama de depravadas. La fachada de almacén de ropa íntima exclusiva para damas desvirtuó la imagen que me había formado sobre una tienda sexual: con falos por doquier colgando hasta del techo. En la *boutique*, muy bien organizada por secciones, lo primero que encuentras es una barrera humana conformada por tres amables dependientas. Ellas, de manera sutil, pero firme, te cortan el paso hasta quedar satisfechas con un argumento que justifique tu visita. Por eso les hablamos de nuestras razones. En ese contexto, las risitas por debajo de cuerda y los comentarios maliciosos son inapropiados y muy mal recibidos.

El profesionalismo de estas chicas, para hablar, ilustrar y promocionar sin misterios y con altura cada producto de la tienda resulta admirable. Aquello sólo es comparable al dominio que sobre el tema tiene una Alessandra, la erudita sexual del programa de *Cosmopolitan*.

Una de ellas nos acompañó en un recorrido que, sin su asistencia, nos hubiera dejado viendo un chispero. La complejidad de algunos "juguetes" amerita pegarte por horas al manual de instrucciones.

A partir de ese momento, tomé atenta nota y presté atención a cada emoción experimentada a fin de presentar en detalle una especie de balance de aquello que me intrigó, fascinó, despistó y… ¿aterró? Quien lee que juzgue:

Más allá del *baby doll*

Debo admitir que, en lo que a trapos concierne, nada logró sorprenderme. Estaba la predecible provisión de *baby dolls*, en todos los estilos, precios, colores y gamas. Había guantes, medias y ligueros en animal *print*, encaje, plumas, terciopelo… todos provistos de una que otra curiosidad. Hasta que algo capturó mi atención, algo que sólo se puede cranear una mente dedicada a trabajar en estimular el ardor carnal: mallas en todas las tallas y en un sin fin de variaciones. Mallas simples, pero a su vez distintas y únicas: *bodys* transparentes de manga y pierna larga que se adhieren al cuerpo como una segunda piel y… ¡con hueco en el centro! ¿Para qué más? Hechos primordialmente en negro, fabricados en distintas texturas: alycrada, velada, en maya de cuadritos... Algo que, en definitiva, va más allá del *baby doll* común, pensado para *no* dejar nada a la imaginación, apto sólo para cuerpos perfectos, curvilíneos y bien proporcionados, o para atrevidas con mucha personalidad. En resumen, atuendos que reunían las tres B: Bueno, Bonito y Barato (unos veinte dólares, en el 2010) y diseñados para levantar algo más que el ánimo.

Aquel arnés...

En el extremo opuesto de la tienda, compitiendo en protagonismo con el *body*, hallé algo sorprendente, en medio de una bien surtida sección de disfraces. Entre los vestidos de enfermera, colegiala, mucama, policía, mamá Noel, monja, Gatúbela, porrista y Pocahontas... relucía un accesorio que perturba y fascina, que invita a cualquier mujer a imaginarse dentro de él y también a despertar a la dominatriz que lleva dentro, al sexo audaz y al límite: un atrevido arnés rojo cuyo precio es tan elevado como su belleza y audacia para calentar hasta a un *Happy Feet*. Sólo eso, un arnés rojo diseñado en correas de charol, pensado para "cubrir" la mitad de los pezones y una quinta parte del rabo. ¡Sin exagerar!

¿Piezas claves?

Los antifaces a menudo se identifican con el misterio y la seducción. Recuerdan la película de Stanley Kubrick, *Eyes Wide Shut*, en la que bellas y exquisitas mujeres asisten a una orgía estrato "28", ataviadas sólo con ese accesorio. El recuerdo de la película es una razón válida para hacerse a uno de ellos, con fines muy distintos al de sólo lucirlo en una fiesta de disfraces. Los antifaces en plumas, tanto como las esposas en peluche, son el tipo de elementos glamorosos y sutiles que incitan a la compra en un *sex shop*. El combo de látigo, antifaz y esposas, puede representar para algunos una verdadera tentación o el regalo perfecto.

El pentágono

¿Puedes imaginarte a tu hombre en el pentágono? No, no te estoy hablando del enclave político gringo. Traducción: pentágono, en el argot de los *sex shops*, es un suspensorio o hilo diseñado especialmente para él, que apenas sostiene lo necesario. En mi recorrido hallé distintos modelos, tallas, texturas y colores: tipo tanga escocesa, de animal *print*, en naranja brillante, rojo satinado, dorado, plateado, y también en cuerina negra estilo harlysta (mi favorito).

Las ayuditas

Te equivocas si, al igual que yo, antes de realizar tu incursión en el *sex shop* piensas que la única ayudita con la que cuentan los hombres para tener un mejor desempeño sexual es el *Viagra*, y que las mujeres frígidas o un poquito duras para alcanzar el orgasmo no tienen más remedio que conformarse. He aquí algunas sorpresas que descubrí en el camino. Además del jabón íntimo con ph natural, y el casi medio centenar de lubricantes que atisbé en una vitrina como las de productos naturistas, encontré:

–Geles y cremas prolongadores de la erección.

–Geles y cremas para retardar la eyaculación.

–¡Crema multiorgásmica para aplicarse en el clítoris, quince minutos antes, a fin de calentar la zona!

–*Liquid Virgin Contractor*, fluido para estrechar las paredes vaginales que basta con frotarse a la entrada de la vagina y listo, ¡como nueva!

Otra categoría de ayuditas

La mente humana da para todo, hasta para lo inimaginable. Una muestra de tal apreciación es este modesto listado de inventos que simplemente rotulé como otra categoría de ayuditas:

–Cosquillosos: Preservativos con muñecos hechos sólo para acrecentar el placer. Ojo, sólo para eso.

–*Kit* viajero Kama Sutra (por unos 60 dólares) con plumita, lubricante del placer, bálsamo excitante para hombre que produce erección y retarda, bálsamo para sexo oral, todo en una cajita ínfima. Sólo faltó precisar para cuántas faenas alcanzaría.

–Bolitas de contrapeso o pequeñas pesitas para ejercitar la vagina: se introducen, se sueltan y se trata de sostenerlas adentro: ¿Tentadoras? Sí, sobre todo si aspiras a estar en forma de pies a cabeza (unos 20 dólares).

–Extensiones en silicona o látex para el pene... y adiós a las pequeñeces.

En solitario

¿Placer para uno o aplicable de uno a uno? El controvertido vibrador viene en todas las gamas y para todos los gustos. En mi *tour* por el *sex shop* me topé con unos que jamás podrían pasar desapercibidos. Es ineludible mencionarlos:

–*Love plug*: enorme, en vibrante rojo oscuro acompañado de la promesa "*Super soft jelly satisfaction*" (super suave satisfacción gelatinosa).

–*Pearl shines*: consolador muy robusto en púrpura.

–Un sofisticado pene rojo gigante de goma con estimulador de Punto G, cuyo nombre no tuve lucidez para anotar.

–*Slender G*: un consolador más discreto en dimensiones, pero con un sorprendente giro en la punta diseñado para llegar al epicentro del placer. Sólo una mente sexualmente brillante podría haberlo creado.

–*Six Spot tickler multi speed*: otra variante de consolador que además de estimular al mismo tiempo el clítoris y el Punto G, cuenta con... ¡Seis velocidades graduables!

–Vibrador de cristal térmico para usar caliente o frío...

–Vibradores con dos fundas: con nódulos y con testículos... ¡Vea usted!

–Un ratoncito rosado, un conejito azul, dobles, fluorescentes, de distintos colores... ¡estimuladores de clítoris!

–Y también anillos para colocar en la base del pene, y

retardar la eyaculación, en todos los tamaños, de todos los colores y formas imposibles.

–Bolas y shakiras anales y vaginales que al chocar producen vibraciones que provocan el éxtasis.

–Un *Tongue tingler*, o pequeño vibrador para la boca. Se coloca encima o debajo de la lengua y brinda un inusitado sexo oral.

–Máquina de ejercicio o *Power pump* (a partir de 150 dólares), para hacer crecer el pene. Está basada en una bomba de succión al vacío acompañada de su propio manual de instrucciones con *tips* de aseo. Su efecto, según la dependienta de la tienda, dura entre una y dos horas.

Y, por último, al final del camino apareció ante mí un objeto inquietante. ¿Una vagina? Un tubo masturbador para hombre con entrada en forma de vulva, ¡una vulva "real"! Las perlas giratorias en su interior, irónicamente, jamás han formado parte de la anatomía femenina.

Agradecí a la chica su explicación tan profesional de las bondades de ese ingenioso juguete sexual, casi igual en forma y textura a nuestra vagina, y tan invitador e intimidante.

Apuré a mi amiga y, casi sin decir adiós, me alejé de esa vulva enorme que me miraba, que se mofaba...

Malabarismo erótico

Keep making me laugh,
Let's go get high
The road is long, we carry on
Try to have fun in the meantime
Lana Del Rey

En su "Canción de la vida profunda", el poeta Porfirio Barba Jacob ilustra de manera perfecta la volubilidad del ser humano. Somos "móviles, fértiles, sórdidos, plácidos, lúbricos y lúgubres". El sexo no está libre de esas oscilaciones. En los asuntos de la cama hay lujuria y apatía, placer extremo y polvos insulsos, pasión animal y éxtasis sublime, audacia y recato.

De ahí que el malabarismo erótico sea un "Deberías..." en la experiencia sexual de cualquier persona dispuesta a gozarse la vida y asumirla como una aventura. La idea de hacer algo intrépido o extremo, como ensayar numerosas y extrañas posiciones durante una misma faena, es como irse de excursión al África o probar un plato exótico, aunque al final no te guste.

Mi amiga Ana coincidía conmigo en que, de vez en cuando, hay que experimentar. Pero un día, cuando ya empezaba a ver estrellas, gracias a un magistral estímulo en el Punto G, se vio arrastrada a un torbellino de malabares. Sin previo aviso, su flexible amante decidió darle vuelta, como quien asa una arepa antioqueña por lado y lado. Sorprendida ante el súbito cambio de movida, más flexible de pensamiento que de cuerpo, Ana optó por seguirle el paso. Ya empezaba a adaptarse al nuevo ritmo, trataba de acomodarse y disfrutar, cuando una repentina, y más exótica ocurrencia, "iluminó" al contorsionista. Sin percatarse de lo que ocurría, cada señal que interpretaba como satisfacción de su pareja estimulaba a este hombre para seguir inventando posiciones. Lo que Ana sentía era de todo, menos genuino placer.

Así las cosas, la pobre Ana culminó exhausta su encuentro cuerpo a cuerpo. Estaba tan escaldada y confundida que a duras penas recordaba el asombroso número de posturas que había adoptado en su esfuerzo por no defraudar al amante innovador.

Pero aquel episodio tortuoso no fue el único en el camino de los polvos que aún le quedaba por recorrer. Para Ana, el malabarismo sexual de esos primeros encuentros pronto se erigió en la norma y no dejaba de generarle frustración. Como muchas mujeres de mente abierta y espíritu aventurero, estaba dispuesta a arriesgarse y hasta disfrutar de ciertas prácticas exóticas en la cama. Lo que no imaginaba era un patrón de vida sexual que implicara plegarse a los caprichos de un "gimnasta" sordo y con nada de empatía entre las sábanas.

Los malabares requieren un cuerpo flexible y armonioso, que luzca genial hasta cuando estás "crucificada". También demandan un esfuerzo físico extra y la actitud mental de un deportista de alto rendimiento, cosas que poco tienen que ver con nuestra cíclica y voluble naturaleza. Algo que Barba Jacob y ningún hombre han contemplado es que las mujeres somos tan jodidas, pero tan jodidas, que lo que nos encanta un día bien podemos aborrecerlo al día siguiente. De ahí que mi entrañable amiga ahora deteste hacer hasta el perrito y se haya quedado anclada, como petrificada, en la posición del misionero.

Acogiéndome de nuevo a la premisa del poeta, para su "Canción de la vida profunda", en el sexo hay momentos en que somos tan móviles tan móviles y, en contraposición, hay otros en que somos tan lúgubres tan lúgubres. Un día queremos y al otro nos parece natural no tener ganas de fornicar. El cuerpo en su curiosa y misteriosa sabiduría subordina su desempeño al ánimo en que se encuentre.

Así se explican esos "inexplicables" polvos pasmados, que empiezan muy bien y terminan en una danza desabrida en la que el orgasmo se esfuma, el acople no se da y algo pica, arde, duele o, simplemente, tu anatomía se niega a la sensibilidad del tacto, del beso… Otras veces, sin embargo, tu cuerpo, caprichoso e impredecible, estalla en una lujuria insaciable que bien puede incitarte a hacer el helicóptero y experimentar, en la más extravagante de las posturas, un orgasmo múltiple y violento que te sacude hasta el alma.

Cuando has entrado en sintonía perfecta con el otro, el malabarismo expresado con un pie en el noreste y otro en el suroeste surte el efecto anhelado y mucho más. Es entonces cuando hacer el amor en el borde la cama, dentro de la hamaca, sobre el lavaplatos o en el escaparate de la abuela, surge como la más natural de las alternativas.

En mi opinión, y en la de la pobre Ana, el malabarismo como rutina (con el perdón de quienes poseen la habilidad de estiraaaarse y encogerse como un cauchito y tienen preferencias sexuales acordes a sus fortalezas) es innecesario, incómodo e inadmisible.

Sexo virtual vs Sexo real

El amor entra por los ojos
Adagio chino

En el sexo, como en todo lo que nos importa, pequeños detalles hacen grandes diferencias. La escala de esas diferencias puede ser enorme cuando la conexión virtual pretende suplantar a la real.

Al decir esto, no es mi intención juzgar a las mujeres de mentalidad abierta y temeraria, como mi amiga Ana María, que se han lanzado a la aventura de explorar la red y han vislumbrado en ella la vía más expedita y certera para hallar su alma gemela. Tampoco quiero congraciarme con aquellas otras que reniegan de la herramienta por haber encontrado que, en lo que respecta a descubrir el amor verdadero, el resultado fue tremendo fiasco.

Al margen de la vía escogida para acceder al amor, destino impredecible, sólo sé que hacerse a la idea de encontrar en la red un novio con prospecto a futuro requiere un alma soñadora, intrépida y, de algún modo, desesperada. Y venirse *tooodas* las veces mientras otro, a distancia, te habla en modo porno, más que excitante resulta patético.

El tema viene a colación porque, cierta vez, llamó mi atención una noticia en Internet sobre la forma como los japoneses estaban asumiendo su sexualidad. Según la nota, el desgano creciente frente a los encuentros cercanos había ocasionado una significativa disminución en las tasas de fertilidad y natalidad.

Lo sorprendente es que esa presunta apatía de los japoneses frente al sexo no era cosa nueva. El ministerio de salud de ese país estableció que las ventas de preservativos cayeron un 43% durante 2003 y 2004, con respecto a los años anteriores. También son reveladoras las cifras de una encuesta sobre actividad sexual, realizada en 26 países entre 2007 y 2008, la cual mostró a los japoneses al final de la lista, con sólo el 34% de la población teniendo sexo una vez por semana en promedio.

¿La causa? ¡Increíble! Prácticas como la pornografía en Internet y el cibersexo, así como el afán generalizado por alcanzar el éxito profesional, parecían haber alejado a los japoneses de las relaciones sexuales reales.

En contraste con esa realidad figura la promiscuidad de Occidente, con altos índices de embarazos juveniles en Estados Unidos y en la mayoría de países latinoamericanos, una situación que resulta alarmante. Junto a esa promiscuidad, se observa a nivel mundial el rubro en *crescendo* de solteros solitarios que insisten en hacer de la red el medio ideal para encontrar su media naranja.

Así caí en la cuenta de la forma casi imperceptible, pero significativa, en que la tecnología postmoderna está determinando nuestros hábitos a la hora de involucrarnos en una relación de pareja y hacer el amor; ya sea exacerbando el deseo de manera malsana o aniquilándolo.

Hoy, más que nunca, estamos a merced de la tecnología, de los medios de comunicación, de la publicidad en la tele y de toda la parafernalia mediática que por un lado utiliza el sexo como una estrategia de venta y, por el otro, rinde culto a un nuevo tipo de relaciones que, en definitiva, descartan la piel.

No sé si soy chapada a la antigua, pero no concibo el amor ni el sexo sin el contacto real de dos personas que se huelen, que se sienten, que se tocan... sin la consumación. La experiencia real supera en todo sentido esas pastorales que la gente se escribe por la *web*, las conversaciones a través de una camarita que no logra captar la esencia del otro y esos minimensajes que recibes en el *chat* de tu Smartphone de un tipo o de una fulana que vive en otro continente y a quien, pese a todo, asumes como una promesa que supera cualquier incertidumbre lógica (acerca de cómo es, a qué huele, cuáles son sus intenciones reales, etc.).

Todo ese "arsenal" cibernético, tan válido para acortar tiempo y distancia, aniquila el piropo, el galanteo de verdad, la emoción anticipatoria de un beso francés, de un abrazo quiebra huesos, de un mordisco juguetón, de un orgasmo… en especial cuando ir del dicho al hecho se dilata y la materialización se hace imposible.

Sin embargo, ¡cosa absurda!, un buen porcentaje de individuos prefiere venirse en modo virtual a indagar sobre la sincronía (y experimentar lo húmedo, lo cálido, el sudor, el aliento del otro) y sobre la conexión que existe más allá de la fibra óptica o el satélite. Esto implica negarte tantos placeres terrenos como el entrepiernarte con otro ser humano, explorar su "geografía", arriesgarte a recorrer y descubrir sus "accidentes", curvaturas y vaivenes, con sus humores y fluidos.

Es triste, más que excitante, el conformarse con imaginar y no saber con certeza si ese ser con quien te escribes a diario, y haces citas idílicas en la distancia, huele a mar, a tierra o a pan dulce. Es deprimente no saber si ése con quien te has armado todo un video, a partir sólo de palabras, es lampiño o parece un oso Yogui, si sus ojos cambian de tonalidad a cierta hora y bajo cierta luz del día o si le gusta el sexo tanto como a ti y hacerlo de la forma en que tú lo prefieres.

Pero insistes. Te "enamoras" de cualquier fulano caucásico con pinta de príncipe decrépito y gentil. O te obsesionas con mirar muñecas de silicona chupando miembros descomunales mientras te masturbas en solitario frente a un plasma, aterrado frente a un mundo de carne y hueso mucho más rico en matices y sensaciones, sin duda alguna, lleno de ilimitadas posibilidades reales.

A todo esto se suma la obstinación de encontrar y conquistar, mediante artificios mediáticos, perfiles manipulados y fotos retocadas con *Photoshop*, a ese tío que te saque de pobre, que cargue hasta con tu abuela paralítica, que te dé carro, casa y beca, y que te lleve en un crucero por las Islas Griegas. Sólo que, ese sueño de viudas, casadas desdichadas o separadas, sólo llega a cumplirse para un ínfimo grupo de afortunadas.

Si eres hombre, tal vez tu obsesión sea convertirte en la encarnación del éxito, en el tipo acaudalado que atesora diplomas, propiedades y juguetes costosos. El problema es que la consecución de todo aquello te hunde en el agotamiento físico y emocional, al punto de no querer hacerlo esta noche, ni la siguiente, ni el fin de semana. Al final de tanto esfuerzo, no es extraño que pienses que el sexo y el amor son accesorios, secundarios, porque no logras tenerla erguida, porque te da pereza o por las dos cosas. Dispuesto a mantenerte en una zona de comodidad, decides que los problemas inherentes al sexo y el amor se resuelven con chicas prepago, pornografía virtual o medicamentos tipo *Viagra*.

En oposición a todo eso (no lo pierdas de vista), está la piel, el estallido indescriptible e insuperable del éxtasis que te proporciona un orgasmo tipo G, el conocimiento de un cuerpo cuyos sensores sabes detonar a voluntad.

La vida, que no da compás de espera, pasa mientras los "menos" ambiciosos, atrevidos y "creativos" copulan y ven estrellas... y tú, tan exitoso, chateas y te conformas con pajazos virtuales, porque es muy jodido salir allá afuera.

Sexo oral: el bono extra

Come on baby finish what you started I'm incomplete
Van Halen

Un amigo, con cáustico sentido del humor, alguna vez dijo que el sexo oral era tan exótico en su vida como una langosta *A la termidor*... porque nunca se lo hacían en casa.

La imprudente confesión provocó es sus oyentes el efecto deseado: un natural ataque de risa. También dejó muy mal parada a su mujer. No porque se negara a hacer algo que no le gustaba, sino por las implicaciones que "rebeliones" como ésa tenían en su relación de pareja. Para mí, la situación dejaba en claro dos cosas: la necesidad visceral que todo hombre tiene de recibir placer sexual por felación, y el disgusto que dicha práctica provoca en una buena parte de la población femenina.

Seamos honestos. ¿A quién, en verdad y justicia, le puede agradar la idea de chupar los órganos sexuales de otro ser y saborear algo cuyo gusto poco o nada se parece al de una langosta *A la termidor*?

Creo, con subjetividad, que a nadie. De esto daría fe un significativo (e inconfesado) número de mujeres a quienes no les complace mucho la idea del sexo oral, en especial cuando implica dar placer sin recibir un trato recíproco... o cuando, peor que eso, las mujeres notamos que el interés de ellos en nuestra zona sur se limita a lo estricto y necesario, la penetración, y sus jugadas y acercamientos a esa parcela de la anatomía femenina son torpes y paralizadores, sin variedad en la perspectiva, semejantes al avance de un barco sin brújula hacia una costa desconocida.

La habilidad para hacer un buen cunnilingus es, en los ejemplares masculinos, menos común de lo que las mujeres quisiéramos. Quizá por esa misma razón, muchas mujeres descartamos por anticipado o hemos descartado de plano abrirnos y exponer nuestro fruto prohibido a la experimentación oral de aquel amante bien intencionado, pero poco entrenado, que ve en la vagina y sus inmediaciones un complejo e indescifrable universo, al cual se podría entrar de una sola vez sin irse por las ramas ni pulsar más "botones" de acceso.

Desde el sentir femenino, aceptar que él se entretenga allá abajo y dejarle hacer requiere que te despojes del pudor físico, moral y emocional que implica mostrarte tal y como eres. Quedar allí a merced de su voluntad, abandonada a él sin miramientos, entregándole el control total de tu cuerpo, requiere de una buena dosis de autoconfianza mezclada con intrepidez, por no llamarle desvergüenza o importaculismo, lo cual sólo es posible en un estado exacerbado de lujuria, en un inducido estado de desinhibición, o en una traga violenta.

Las mujeres pensamos que la prueba y el error en nuestra zona sur son inadmisibles en un instante de efervescencia y calor. Por eso, en un intento de evitar el riesgo de perder el ímpetu inicial del esperado cuerpo a cuerpo, preferimos tomar el control (no importa si nos gusta o no hacérselo a ellos) y actuar.

Entendemos que el *blow job* se constituye en la manera infalible por excelencia de complacer a un hombre. Al fin y al cabo, con ellos no se necesita manual de instrucciones. Pese a lo fácil que resulta el ejercicio para nosotras, ellos siempre se sentirán genuinamente agradecidos frente a ese tipo de gratificación. En mi arbitrario parecer, el gusto que sienten obedece a que el inconsciente masculino asimila la experiencia de ser lamido, besado y succionado en sus partes íntimas, como un acto de dominación por parte suya y de sumisión o dulce y voluntaria humillación por parte de ella.

La idea del sexo oral como humillante tiene raíces históricas. Las *pornae*, o prostitutas, rara vez lo ejecutaban, y la felación, por considerarse el más repugnante, era su servicio más costoso. Aparte de los lupanares, también existían rincones llamados *Statio Cunnulingiorum*, que era donde los prostitutos practicaban, a las mujeres que pudiesen pagar sus servicios, el sexo oral. La actividad se consideraba denigrante para el hombre libre romano.

Aunque el sexo encarne una comunicación en la cual las concesiones son legítimas, y aunque haya un par de razones para meter la cara entre las piernas del otro (como el verdadero amor, el puto encoñe o el no querer que nos toquen), debemos admitir que la mayoría de las mujeres odiamos esos preliminares en los que el *blow job* pareciera obligatorio, una condición *sine qua non* para la ejecución del acto. Como si el sexo jamás resultara lo suficientemente bueno sin ese ingrediente.

La felación complace a los hombres tanto o más que penetrar a su pareja, al punto que muchos (lo sé "por boca" de varios) desearían que la vagina tuviese lengua. ¡Y, por Dios, que adoran un buen trabajo hecho en casa! Pero dar por sentado que, indefectiblemente, sucederá cada noche denota poca inteligencia emocional.

Chupársela a nuestro hombre es como otorgarle un premio por su buen comportamiento (entiéndase como se quiera), una manera por demás sutil y al mismo tiempo poderosa de gratificarle y, en últimas, de autogratificarnos como quien engorda el pavo para comérselo en Navidad. Pero no hay que olvidar que la Navidad es una fecha especial, un ritual, que de volverse cotidiano, perdería su encanto.

Así las cosas, el sexo oral, tanto para aquellos a quienes no les gusta practicarlo como para quienes siempre esperan recibirlo, debe ser asumido como una deferencia, una suerte de privilegio, de bono extra que, sin ser tan exótico como una langosta, pueda obsequiarse con algo de pompa, como lo amerita una buena cena navideña. Oler, besar y chupar, así como dejarse oler, besar y chupar justo allí, en el resquicio más privado de tu propiedad carnal, es el más íntimo de los actos íntimos. Demanda, tanto de quien da como de quien recibe, una disposición de rendición y a su vez de poderío frente al placer proporcionado y al placer obtenido.

En síntesis, una entrega verdadera que se traduce en una conexión real, por encima de cualquier técnica.

Siete minutos...

Son demasiado pocas las mañanas y demasiado escasas
son las noches.
No hay hospedaje para los deleites que vienen a la
tierra a establecerse.
No encuentran aposento y al galope se alejan.
EMILY DICKINSON

Alguna vez, hablando entre mujeres, una amiga contaba cómo ella y su pareja pasaban noches enteras haciendo el amor hasta que salía el sol, jugando a ver quién resistía más o se rendía primero. Explicaba la manera como este desafío le había añadido fuego a su vida erótica.

Visiblemente compungida, otra confesaba su incapacidad para sostener faenas sexuales prolongadas o demasiado frecuentes. Los estragos físicos que sufría su zona íntima, la obligaban a abstenerse de tener este tipo de encuentros con la "debida" regularidad.

En medio estaba yo, fiel defensora de los siete minutos "reglamentarios" y amante de los *quickies*, agradecida con la vida por no sentirme inferior ni envidiosa de las súper mujeres que pueden fornicar hasta 24 horas seguidas sin lastimarse. También, me enorgullezco de no pertenecer al grupo de las chicas demasiado delicadas para quienes un polvo largo, intenso y salvaje es sinónimo de tortura.

Habiendo dejado por sentado que en el sexo soy muy normal, quiero admitir aquí que adoro los *quickies*. Sí, esos polvitos rápidos o de gallo que durante tanto tiempo estuvieron tan mal ranqueados y que sólo parecen tener un final feliz en las películas de acción. Porque, sin restarle su importancia a los encuentros pausados y extensos, aquellos en los que nos tomamos el tiempo para deleitarnos sexualmente con el otro como si se tratase de un mágico ritual, los *quickies*, para mí, tienen un encanto insuperable.

La primera razón que tengo para ponderarlos es que un rapidito denota hambre, no tanto de sexo, como del otro, de ese ser que te gusta y por el que sientes un ansia, una premura incontenible de conocerlo, olerlo, besuquearlo, lamerlo y poseerlo como si no hubiera mañana.

Esos primeros encuentros, en los que una bomba de tiempo a pocos segundos de estallar pareciera marcarte el camino hacia el placer, son por lo general el preámbulo del clásico polvo largo y exploratorio con el que sellas una conexión inicial.

Además, dada su brevedad, los rapiditos te proporcionan la ventaja de poderlos consumar en cualquier momento y en cualquier lugar: desde un ascensor a diez pisos de abrirse, el (trillado) baño de un avión (si es que de verdad puedes), el cuarto de tus papás, el garaje de la casa de tu mejor amiga, tu carro o tu cama, minutos antes de que suene el despertador, con la emoción que para ti y para tu pareja implica compartir la complicidad de una travesura íntima y muy personal, para empezar con pie derecho un día que presientes estresante.

Según el doctor Eric Corty, de Penn State University, la cultura popular actual todavía refuerza muchos estereotipos sobre la actividad sexual, y muchos hombres y mujeres parecen creer en la fantasía de los penes enormes, las erecciones duras como una roca y el acto sexual que dura toda la noche. Agrega que la mala fama a que se habían hecho acreedores los polvos de gallo (identificados, por error, con disfunciones sexuales como la eyaculación precoz masculina), ha quedado desvirtuada gracias a estudios científicos y encuestas realizadas en países como Estados Unidos y Canadá, cuyos resultados permitieron concluir que los polvos cortos y sustanciosos son más acordes con la práctica real del sexo.[1]

Resulta que, en lo concerniente al género masculino, es tan grave demorarse demasiado en eyacular (lo cual ha sido tipificado por los expertos como síndrome del eyaculador retardado), como venirse muy rápido. Y, como la verdad nos hace libres, ya no tenemos que estresarnos por competir a ver quién dura más. La presión psicológica que por años sumió en la desdicha a hombres y mujeres perfectamente saludables, a quienes la cultura popular indujo a pensar que su habilidad para alcanzar el éxtasis con relativa prontitud era una suerte de incompetencia en su desempeño sexual, pierde fuerza frente a la realidad de las encuestas. El *Journal of Sexual Medicine* reveló que un acto sexual "adecuado" dura de 3 a 7 minutos; uno "deseable", de 7 a 13 minutos; uno "demasiado corto", de 1 a 2 minutos; y uno "demasiado largo", de 10 a 30 minutos.

Como si eso no bastara, ahora los rapiditos se están posicionado en la sociedad como la nueva tendencia sexual. Como recurso para estimular el sexo frecuente en las parejas de vidas exigentes y rutinas laborales extenuantes, surgen en el mercado manuales que promocionan los minipolvos como potenciales megapolvos, con el *plus* de ilustraciones muy explícitas que nos instruyen para lograr y potenciar el orgasmo al unísono con nuestra pareja, justo cuando estamos de afán.

En el tiempo que tardas en leer con calma una página de este libro, piensas inútilmente en la inmortalidad del cangrejo, envías un fax, adjuntas varios archivos a un e mail, pasan los comerciales de televisión o sientes que tienes unos minutos muertos a medio llenar, te puedes echar un rapidito y experimentar la gratificante sensación de alivio que el sexo es capaz de proporcionar.

En contraste, estarán quienes han escogido el tantrismo como opción de vida, lo cual es muy válido y loable. Los que de verdad tienen tiempo para el amor (a quienes no dejo de envidiar) y quienes de tajo piensan que un buen polvo de siete minutos es impensable o imposible.

Por mi parte, independientemente de lo que digan las encuestas, afirmen los científicos y critiquen los detractores de los polvos de gallo, te aseguro que esos maravillosos siete minutos de un *quickie* son asimilables a un milagroso instante de sincronía y conexión con tu pareja. El *timing* es perfecto, te permite vislumbrar la eternidad.

Cierre

Renza le grita a Fabio su dolor. Uno de los tantos pequeños sucesos desventurados, de la desagradable cotidianidad, ha acrecentado en ella la furia.

Si sólo de abandono se tratara, si la rutina no fuese susceptible de contaminarse. Las benditas nimiedades de la vida en pareja ahora se han transformado en un cúmulo de tropiezos que se ciernen sobre Renza como una maldición.

No es la soledad lo que la rebasa.

Sin siquiera pensarlo, se abalanza sobre él y empieza a propinarle una golpiza a puño limpio. Pero los golpes cerrados no bastan. Renza le araña la espalda, los brazos, lo abofetea. Fabio intenta cubrirse, apartarla de sí, al tiempo que vocifera enfático que ya no la ama, que lo hastió con su mala leche. La histeria los posee por igual, los ha sumido en una lucha frenética, cuerpo a cuerpo: él trata de inmovilizarla, ella quiere aniquilarlo…

Sólo un cambio de movida y la enardecida pelea acaba en sexo animal.

Sus bocas se encuentran, se funden en un beso avasallador. Sus lenguas hurgan en esa humedad tan conocida. Renza prosigue su ruta hacia el sur y degusta el sabor dulzón del miembro de Fabio. Lo absorbe con la desesperación que convocan las despedidas ineludibles. En él se debaten el placer y la culpa. ¿Qué está haciendo esa mujer que lo conoce al dedillo, que sabe cómo reacciona cada milímetro de su piel frente a su contacto? ¿Por qué ahora, justo cuando todo se ha desmoronado?

Se pierde en un deseo que lo impulsa a poseerla con urgencia inusitada. La embiste con ímpetu. Luego baja la cadencia, se regodea en ese pequeño confín de un universo que alguna vez fue perfecto, suficiente. Ella lo disfruta como nunca. Atrayéndolo hacia sí aún más, lo sostiene por detrás y lo anima a penetrarla más profundo, más duro... hasta que todo culmina al unísono en un orgasmo intenso, un éxtasis fulminante que se decanta en mal sabor.

Cualquier atisbo de redención o tregua cae en picada por el precipicio de las emociones vacías. No hay remedio.

Para Renza nada importa ya, ni siquiera preservar el pudor. Fabio se le llevó todo, hasta el sentido de dignidad que ahora le granjearía el distintivo de buena perdedora. Derrota es el resultado de fustigarle con los oprobios que emanaron de su lengua tóxica, de sus arremetidas de golpes ciegos... del absurdo. A ella le ha tocado la tajada rancia del pastel, qué le vamos a hacer; mientras Fabio, a sus años, con sus hedores y sus vicios renace y vibra con una deslumbrante infatuación, sin un ápice de remordimiento.

La compostura los convoca, los mete en cintura. Tras vestirse y alisarse la ropa, Fabio abandona la escena sin musitar palabra. Renza va hasta el baño, lava su vulva aun hinchada y palpitante, al tiempo que intenta poner su mente en blanco.

Sale a la calle, ya empieza a anochecer, la brisa fresca le hace bien. Prende un cigarro e intenta, por enésima vez, no sucumbir en el abismo incierto que para ella representa la soledad. Bocanada tras bocanada, aliviana el peso de la traición, del hogar destrozado, de haberse puteado, hace apenas unos minutos, con el más conocido y menos indicado de los hombres.

Lo que aprendí

Después de sentarme a llorar aprendí que…

Los buenos y los malos polvos en realidad no existen. Son como la felicidad, el estado más subjetivo de todos.

Los buenos polvos son un bendito accidente que por lo general decanta en encoñe. Los malos polvos son un accidente ineludible y tal vez necesario (en el destino de cualquiera) que, sin embargo, no conduce a nada.

El encoñe no es amor pero se le parece.

El encoñe usualmente nos visita disfrazado de amor, y si no nos avispamos se nos vuelve un inquilino.

Los tropezones sexuales con tu mejor amigo(a) son un accidente a punto de ocurrir.

Sexo y compromiso no son opuestos, tampoco excluyentes, pero cuando confluyen en una relación obedecen más a una jugada del destino que a cualquier estrategia o hechizo.

El sexo, como todo lo demás, es susceptible a los embates de la moda, a las tendencias… pero en últimas tú le añades tu toque.

El sexo es sublime y torcido al mismo tiempo.

La consumación es inherente al sexo. El sexo en esencia es palpable, es sudor y piel, y resueltamente primario. Si no se materializa, es sólo fantasía. Si sólo se alimenta de fantasía, es una forma de la desesperación.

El sexo oral es el preferido de los hombres, pero no el de las mujeres.

El sexo oral no es el preferido de las mujeres porque no son muchos los hombres que dominan la técnica.

La satisfacción en el sexo oral depende de quién tenga que hacer el trabajo sucio.

Siete minutos bastan para sentirte vivo, aliviarte y hasta creer que tocas el cielo.

Los polvos eternos son la fantasía y el reto para ellos y… tremenda "jartera" para nosotras.

SEGUNDA PARTE

Viejas...

Enredadas

El problema de los hombres son los hombres,
el problema de las mujeres, los hombres
Erica Jong

Para el hombre, el sexo es primordialmente una cuestión de instinto. Para la mujer es un complique. Así de jodidas somos a la hora de echarnos un polvo.

¿La razón?

A menos que hayamos llegado a ese bendito momento en el que ya no nos importa adueñarnos de nadie, porque sencillamente no queremos que nadie se adueñe de nosotras –un desapego algo exótico y extraño a nuestra naturaleza–, a todas las mujeres nos obsesiona una cosa a la hora de tener un encuentro cuerpo a cuerpo: la necesidad de poseer a nuestro objeto de deseo.

Sin importar el estrato social o económico, la religión o el nivel de educación, las mujeres no podemos fornicar sin amar o sin pretender que amamos. En consecuencia, exigimos exclusividad. Por eso nos enredamos.

Para ilustrarlo, me remito a mi lectura de *50 sombras de Grey*, el libro de E. L. James, catalogado por algunos como la novela erótica más adictiva del siglo. Además de ponerme en "On" (es inevitable mojar los pantis de sólo imaginar que todo un Adonis, un perfecto macho alfa, hermoso, multimillonario y enigmático te seduce haciendo aflorar en ti tu lado más animal), *50 sombras* me permitió confirmar el cucaracherío que se anida en la mente femenina y sus efectos devastadores.

A escasas páginas de haberme involucrado en la historia, reconocí en esa suerte de Corín Tellado triple X el viejo cliché de la doncella perdidamente enamorada del hombre poderoso e irresistible. También reconocí la incógnita velada (si no en la mente de su protagonista, en la mente de la ávida lectora que no se cansa de follar con Grey en la imaginación) "¿Qué será de mí si este tipo no me toma en serio?" "¿Qué voy a hacer si sólo soy su juguete sexual y nada más?" "¿Qué pasará cuando se aburra de mí?" Esos interrogantes dominaron mi mente a lo largo del libro, al punto que no logré disfrutar del todo su lectura. Para nada inmune a mi propio cucaracherío, llámense inseguridades, miedos, prejuicios… más que enfocarme en la trama me preocupaba la suerte de la pobre Anastasia: tan indefensa, tan inexperta, tan incauta, tan bruta y a merced de ese delicioso pervertido.

50 sombras me puso a tono para escribir esto que venía pensando desde hacía tiempo, podría decir que desde siempre. Confirmé por enésima vez cómo nos enredamos las mujeres a la hora de la cópula. Pese a que tenemos el poder condensado en ese pequeño triángulo, se nos esfuma, se lo endosamos a ese fulano que nos invade, no sólo con su miembro, sino con los paradigmas que tiene acerca de la mujer: mujer placer, mujer objeto, mujer juguete desechable, mujer esclava, mujer cautiva, mujer dependiente, mujer insegura, mujer posesiva, mujer celosa, mujer intensa, mujer invasiva, mujer temida, mujer bruja… mujer a kilómetros de años luz del corazón, sólo cercana cuando sea el momento indicado. ¿Cuál? Cuando sea la indicada. ¿Y cómo saber si eres la indicada?

De ahí las infaltables dudas que empiezan en el mismo instante en que te invita: tu cerebro trabaja a millón por segundo haciendo un rápido inventario de cada prenda tuya colgada en tu armario. Le has dicho que sí, estás que brincas en un pie pero te preocupa demasiado tu aspecto. Sabes que le gustas, que te tiene tremendas ganas… pero las dudas sobre tu *sex appeal* te atormentan. Conviertes en tragedia privada el preámbulo a esa anhelada cita: no sabes qué ponerte, cómo maquillarte, o si es mejor no maquillarte... te preguntas si debes o no afeitar tu zona V, si usar bragas de encaje o de lycra… y te afincas en el abrumador rincón de las adivinanzas sobre lo que él preferiría, aprobaría, esperaría, desearía, hasta el punto de estar dispuesta a mimetizarte, o más, a transformarte en lo que crees que él adoraría. Simple, lo único que quieres es poseerlo.

La cita

Te preocupa cada movida de ese primer encuentro en el que todavía no llegan a mayores. Mides cada palabra, tratas de hallar señales que te conduzcan a certezas sobre lo que significas para él, sobre lo que espera de ti. Te preguntas cómo ha sido su vida amorosa, cómo será en la cama. Calculas cada gesto, cada sílaba que emana de ti, mientras en tu cabeza hay un torbellino de "estrategias" que se pelean por prevalecer: la de chica misteriosa, la de chica desinhibida, la de chica correcta, la de "esto es lo que hay y punto"... siempre y cuando él te aliente y, gracias a esa conexión, tú te permitas hasta emborracharte y dejar que te seduzca, que te meta entre sus sábanas y te explore con esmero y sin afanes, tipo Grey con Anastasia, o que te decepcione. Pero quieres poseerlo, "dominarlo", hacerlo sólo tuyo. Si no, nada tendría sentido.

Estar en...

A menos que te hayas pegado la borrachera de tu vida y de verdad no te importe en ese instante tu desempeño, todo importa en ese momento. Importa cómo te ves sin ropa, cómo hueles, si te levantas de la cama y expones tu anatomía a su examen ocular o si mantienes un halo de misterio sobre esa parcela de tu cuerpo que él ha degustado y palpado. Te preocupan desde tu aliento hasta cómo lucen tus pies. No sabes lo que él espera, quieres pistas que traduzcan aprobación (y nadie ha dicho que eso esté mal). Pero, por eso mismo, en plena acción no sabes si gritar, hablar, gemir o callar; si guiarle, exigirle, demandarle, alentarlo, estimularlo, sosegarlo o encenderlo aún más... El torbellino en tu cerebro insiste en tomar el control por encima de lo básico, lo primario.

El después

El post coito, con o sin orgasmo –rara vez ocurre en los primeros encuentros– te deja perdida. No sabes si hablar o no sobre eso que acaba de pasar. Te preguntas si debes justificarte o no con él, por aquello de habérselo dado tan rápido, o si debes hacerte la de la vista gorda, cuando en verdad esperas que no piense que eres una puta, sino el mejor polvo que ha tenido en años.

Odiemos la situación o no, él marca la pauta. Él conversa o elige darte la espalda o dormir a pierna suelta o fumarse un cigarrillo o darse un duchazo o abrazarte, como si te conociera de toda la vida, decirte lo encantado que está contigo o mandarte a casa con un vago "te llamo", porque no puede dormir acompañado. En últimas, es él quien decide si quiere jugar o llevarte al altar.

Tú te armas un video si te llama, y te lo armas si no te llama. Si te llama prosigues, pese a todo, a ver qué pasa, a ver si a pesar de ser un cretino puedes tenerlo (he ahí la trampa). Si no te llama, te devanas los sesos cuestionándote sobre lo que hiciste mal.

Después llega el momento de las transgresiones o de poner límites, de jugarte el todo por el todo para convertirte en su dueña absoluta o de permitir que te llame cuando no tenga más plan.

Créelo o no, él elige, pero tú decides. Mientras, las mismas viejas incógnitas danzan y se enredan en la cabeza de toda mujer cada vez que un encuentro íntimo se esboza en posibilidad. *Blow jobs* de lujo, malabarismo erótico, sumisión y dominio, todo es válido para acallar tus voces internas, miedos que te paralizan y te atan al paradigma de mujer que él ha decidido para ti.

El imprescindible preámbulo

Cuando ella se movió para facilitarle el acceso, entró en sus bragas y empezó a explorarla con sus dedos.
Después la acarició hasta hacerla vibrar de placer
LINDA JAIVIN

El preámbulo amatorio es tan imprescindible para el género femenino como la paja es para el masculino.

Qué importa si eres de las que pueden ir de una a la acción, sin lubricantes ni preliminares. El *foreplay*, aunque se trate de una cuestión psicológica, hace una notable diferencia.

Por eso, cada vez que pienso en el preámbulo, esa fase tan importante para las mujeres cuando de encuentros íntimos se trata, no deja de sorprenderme la manera en que la sabia naturaleza se expresa, en especial en nosotras, algo a lo que ni siquiera escapa el reino más animal.

Sabemos que, en las hembras, el apareamiento involucra cambios de conducta y fisonomía, además de estar antecedido de un complejo ritual que compromete, incluso, la vida del macho.

En el más salvaje de los ámbitos, un acto tan primario como la cópula adquiere la connotación de romance trágico, donde el macho está literalmente dispuesto a morir en la consecución del placer supremo. Es paradójico que los animales resulten tan obedientes al instinto; mientras nosotros, criaturas evolucionadas y pensantes, prefiramos a veces volarnos algún "procedimiento".

Nos guste o no, reconozcámoslo: la transgresión humana está presente hasta en lo más esencial, que es el sexo. Sin embargo, por razones misteriosas, la mujer siempre se da la importancia inherente a la de hembra potencialmente fértil o presa apetitosa a la que se quiere devorar. Aún en esos encuentros de una noche, en los deslices inconfesables con un desconocido, toda mujer anhela y espera ser seducida. Fantasea con que él se tome *todo* su tiempo para hacerla desesperar, suplicar y gemir de placer.

Por ello, es bueno que los hombres lo tengan en cuenta, el preámbulo es un paso que jamás se puede evadir. Sobre todo si quieres ser inolvidable, insuperable para esa vieja que te trae loco. Sin importar el giro que tome la relación, al margen de lo seria, superficial, carnal, afectiva o prometedora que resulte, el preámbulo para todo buen amante debe ser una cuestión de honor.

Para un buen porcentaje de mujeres, el preámbulo lo es todo. En contraste, para los hombres la verdadera acción tiene más peso, vale más el cuerpo a cuerpo que el jugueteo. ¿Por qué? Se preguntarán los señores. Porque las mujeres somos más juiciosas y es casi imposible para nosotras transgredir los misteriosos dictámenes de la naturaleza, incluso en momentos en que queremos tener sexo desaforado, como esos voraces rapiditos que demandan ir directo al punto, casi sin detenernos en quitarnos la ropa.

La explicación es que el preámbulo ya está dado, tácitamente conjugado mediante la carga erótica que desborda nuestra mente cuando un tipo nos alborota el deseo: con esa llamada, con ese susurro, con esa conversación íntima, con ese piropo, con ese baile indecente, con ese estruje, con sólo imaginarnos "allí"... Porque el cerebro es la mayor zona erógena de todas y a veces ahorra esfuerzo, aunque no debe tomarse a pie juntillas, como justificación del perezoso que no quiere "hacer" y es feliz con que le hagan.

En todo caso, para la más fácil de las chicas el sexo sin preámbulo es difícil. Para las difíciles, es imposible.

Te tome cinco minutos o una eternidad estar "lista", el preámbulo debe asumirse como un derecho de la mujer y como un deber del hombre. Pues, bajo la premisa de que es mejor "estar en" que "llegar a", después del "estar en" de un buen preámbulo es bastante probable "llegar a" donde los dos quieren llegar.

Como si fuera poco, en relación con los orgasmos esquivos, el preámbulo es un valioso obsequio que nos anima a ser benevolentes con las embestidas fallidas. Al fin y al cabo, el placer que conlleva iniciar "el viaje", con todos sus preparativos, para algunas chicas se equipara con el éxtasis que para ellos implica finalizarlo.

El orgasmo femenino: Mentira piadosa o verdad incómoda

Tell me lies, tell me sweet little lies
Fleetwood Mac

¿Fingimos las mujeres el orgasmo? Para decepción del género masculino, desde que Meg Ryan hizo la famosa escena del restaurante en la película *When Harry Met Sally*, no queda duda al respecto.

Pero hay algo más. Si partimos de las implicaciones que para el ego del hombre tiene el hecho de hacernos ver estrellas en la cama, fingir orgasmos es para las mujeres un efectivo recurso para mantener el *statu quo*. Se constituye en una de las más nobles mentiras piadosas para reafirmarles a ellos su virilidad. Fingir el orgasmo es también, por cierto, la alternativa más elegante para ponerle fin a ese tipo de embestidas insufribles que, al cabo de los siete minutos "reglamentarios", son predeciblemente infructuosas.

Regalo o escape, el orgasmo fingido es a la sexualidad femenina algo tan real e inherente a nuestra naturaleza como la paja para el macho y como el encoñe para cualquiera que se precie de tener o haber tenido una vida sexual normal.

Sin embargo, el hecho de que toda mujer haya fingido o fingirá un orgasmo, al menos una vez en la vida, no significa que seamos unas farsantes en la intimidad. ¡No! La cuestión es clara. Si sólo el 35% de nosotras cuenta con la fortuna de tener orgasmos con penetración, para el 65% restante –a cuyas parejas les toca centrarse en el clítoris y/o en el Punto G para tratar de conquistar un esquivo placer– simular el éxtasis cuando éste no llega se torna en una estrategia válida (en mi parecer) para ganar en el terreno íntimo.

Porque fingir un orgasmo:

–Te libera de tener la conversación incómoda: "¿Por qué no me hiciste venir?" O "No sé qué me pasa, pero…".

–Te evita utilizar la instancia de la masturbación en frente de… para llegar a… (En mi particular ética sexual, la masturbación debería practicarse en solitario).

–Te ayuda a evitar complicaciones en momentos en que sólo deseas olvidarte del asunto y dormir.

–Te genera la ganancia de brindarle a tu hombre tranquilidad, al corroborarle que es capaz de satisfacerte.

A propósito de porcentajes, me permito argumentar, obviando el fundamento científico, que no sólo el 65% de las mujeres habrá fingido el orgasmo alguna vez en su vida, sino el 99.9% (por no decir el 100%).

¿Por qué?, se preguntarán los señores. Las causas son muy diversas:

–Una mujer finge un orgasmo mientras se entrena en el arte de alcanzar uno real cada vez que le apetezca. Se trata de un camino de autoconocimiento que a cada cual le toma su tiempo y que culmina en el momento en que sabes con certeza "pulsar los sensores" que te conducirán a la conquista del placer extremo.

–Cuando tener sexo se convierte en una obligación conyugal o de cualquier índole.

–Cuando no se ha dado la debida sincronía con el devoto amante, para quien el tema se ha convertido en una obsesión; entonces, en un acto de generosidad, paciencia y/o esperanza le hacemos el "obsequio" de tres alaridos o un sinfín de gemidos, mientras llega una nueva y más prometedora oportunidad.

–Cuando nuestro cuerpo no está en disposición de… y sencillamente no responde porque el estrés del día a día nos tiene tan agotadas que nos ha bajado hasta la libido.

–Cuando nuestro cuerpo refleja y traduce lo que siente nuestro corazón y el resentimiento, la ira reprimida o el amor que agoniza bloquean nuestras zonas erógenas y, para llevar la fiesta en paz, recurrimos al viejo truco.

–Cuando la indiferencia, el maltrato continuo y la desconsideración del otro terminan por apagar la llama de la pasión. Entonces, la intención de "cumplir con la tarea y ya" es tan imperativa que echar un polvo y culminarlo "como se debe" es la forma más diplomática para ambas partes de salir avante (por el momento).

–Cuando tratamos, sin remedio, de solventar la falta de una conexión real.

–También, cuando la perversa que vive en cada mujer quiere hacer un teatro.

Así las cosas, negar que de vez en cuando fingimos un orgasmo es mucho peor que fingirlos.

Por eso es bueno que los señores sepan de una vez por todas que ni *super woman* tiene la capacidad de venirse cada vez que tiene un encuentro cuerpo a cuerpo. Saber eso les facilitaría comprender por fin nuestro fluctuante entusiasmo por el sexo. Para las mujeres echarnos un polvo es comparable con hacer un viaje cuyo destino final es incierto. Para ellos, en cambio, es un "recorrido" exento de complicaciones que invariablemente, sin importar la vía escogida, los conduce a la gloria.

Las feministas fundamentalistas arman una alharaca exagerada sobre el "horror" de fingir lo que no se siente y no ser fiel a las propias emociones. Insisto en que las pequeñas actuaciones en la cama no deberían asumirse como un crimen, sino como un recurso útil para disfrazar, con el velo de una mentira piadosa, una verdad incómoda.

Al final, todo sería más fácil si hubiera mayor honestidad.

Si del hecho de alcanzar o proporcionar orgasmos no se hiciera tremendo lío.

Si los hombres dejaran de cimentar su frágil ego, de manera exclusiva, en la respuesta femenina a su desempeño sexual.

Si las mujeres dejáramos de culparnos por no responder a tanta falsa expectativa.

Y si, más allá de "llegar a…", se valorara y disfrutara el "estar en…"

Al margen de todo esto, cuando mentir, se trate de un orgasmo o de cualquier otra cosa, se torna en un estilo de vida, en la costumbre y no en la excepción, se constituye en una actitud patética. Mucho más cuando implica poner los ojos en blanco y gritar a voz en cuello "¡Oh sí, oh sí, ooooooh!".

Por eso, en materia de orgasmos, siempre será mejor sentirlos que aparentarlos.

El Punto ¿qué?

No vemos las cosas como son,
vemos las cosas como somos
Anaïs Nin

No recuerdo cuando fue la primera vez que escuché hablar del Punto G. Podría decir de una manera vaga que oí de él hace como un siglo y que, en su momento, no despertó en mí la menor curiosidad. Tengo varias explicaciones para eso.

Si mal no estoy, quien me hizo mención de ese misterioso disparador de placer, exclusivo de la anatomía femenina, fue una compañera de trabajo con pretensiones de ninfómana. Hacía constantes alardes de sus extravagantes y magníficas faenas sexuales y yo tenía la sospecha de que en realidad sólo ocurrían en su imaginación. Sus fantásticos relatos me generaban un justificado sentimiento, mezcla de incredulidad y envidia.

Para muchos, en el siglo 20 (y aun hoy), el Punto G era sólo un mito. Muchas mujeres dudaban –y aún son muchas las que dudan– que existiera, y otro tanto se niega a creer que existe.

El Punto G era –y sigue siendo– el perfecto pajazo mental para mujeres inorgásmicas, eyaculadores precoces y/o amantes mediocres que se obsesionaron con hallarlo como su última tabla de salvación y justificación.

Lo cierto es que, a la vuelta de unos cuantos años, me sorprendió notar cómo el término en cuestión había empezado a tener una divulgación no despreciable. Tanto había crecido la popularidad del Punto G, que una revista *gay* colombiana, de exclusivo diseño pero brevísima circulación, lo asumió como su nombre emblemático. La idea –al parecer– era dar en el blanco y cautivar un *target* selecto, pero al final, esquivo a salirse del clóset en épocas en que tales hazañas no eran políticamente correctas. Tal vez por eso el Punto G perdió puntos hasta quedar empantanado por la ignorancia. Si no me crees, te reto a hacer con tus amigos la encuesta de conocimiento. Te aseguro que más de uno, tal vez incluyéndote a ti, se preguntará: "¿Dónde diablos queda esa vaina?"

Pero el punto no es saber lo que es el Punto G, o dónde se encuentra o cómo se llega a él. Sobre su descubrimiento y ubicación la literatura es muy profusa. También hay un sinnúmero de señas, consejos y posiciones para alcanzar ese orgasmo cósmico que sólo a él se le atribuye. De hecho, en Wikipedia, la enciclopedia libre, a tan sólo un rápido tecleo hallarás vía Internet que: "el punto de Gräfenberg, más conocido como Punto G, llamado así en honor de su descubridor, el ginecólogo alemán Ernst Gräfenberg, es una pequeña zona del área genital de las mujeres localizada detrás del hueso púbico y alrededor de la uretra...", cuya "estimulación (a través de la pared frontal de la vagina) propicia un orgasmo más vigoroso y satisfactorio", posible causa de la eyaculación femenina.[2]

Por eso, el punto no es quién sabe más del Punto G. Qué importa si no te reíste al escuchar el chiste que dice que los inodoros, los aniversarios de boda y el Punto G, tienen en común que los hombres jamás les aciertan... o si, con total inocencia, preguntaste "¿El Punto qué?"

De verdad, no importa, siempre y cuando no necesites de mayores explicaciones a la hora de las explicaciones, y si, pese a tu confesada ignorancia, puedes ir directo a la evocación con un "¡Aahhh, ya sé!"

Lo cierto es que hay un antes y un después del Punto G, porque después de un orgasmo tipo G, de *glorioso*, tu vida sexual jamás volverá a ser la misma.

El punto es llegar al punto del placer donde literalmente puedes ver estrellas (y sí que las ves, te lo aseguro) aunque no sepas con exactitud qué punto te estimularon. El punto es... no morir sin haber experimentado al menos una vez en la vida un orgasmo múltiple y explosivo capaz de acercarte al propio cielo, algo que querrás repetir una y otra vez.

El punto es... autodescubrirte, autoconocerte y explorar con tu pareja sin mayores afanes, el indescifrable y sorprendente universo de tu sexualidad. Y así, cuando por fin encuentres el esquivo, famoso, mítico Punto G, logres sentirte extasiada... Al punto de poder volver "allí" a voluntad cada vez que quieras y con certeza, afinando cada cuerda hasta interpretar tu perfecta melodía.

En cuanto a ustedes, señores: ¿Creían que les iba a resolver la incógnita? Noooo. Hagan la tarea con la certeza de que si buscan, encuentran. Para alentarlos, les regalo dos perlas: el Punto G *no es un mito*, y se estimula más fácilmente en las mujeres mayores de treinta.

La masturbación femenina no es paja

I don´t want anybody else
When I think about you I touch myself
Pink

Sólo al llegar a la edad adulta comprendí que la masturbación no es pecado, que tampoco es un acto de desesperación provocado por la soledad y, ¡oh sorpresa!, que no es terreno exclusivo de los hombres, sino algo común al ser humano, a ¡todos los mamíferos de la creación!

A esas conclusiones llegué después de pasar mucho tiempo debatiéndome entre la culpa y el placer. Después de sentirme una suerte de animal raro por hacer algo que supuestamente las mujeres no hacíamos, por creerme que la autogratificación sexual era algo tan malo o peor que putearse y repartirlo. En síntesis, ahí fue cuando descubrí que lo que tenía dentro de la cabeza eran aprehensiones, prejuicios y temores infundados; en resumen, pura paja.

Pero, antes de entrar en materia, quiero remitirme a la historia, mi historia. Así quedará justificada mi inicial actitud ambivalente frente a los pajazos.

Resulta que en un tiempo no tan lejano, cuando el honor de la mujer estaba circunscrito a su vagina sin estrenar y la consigna incuestionable era llegar virgen al matrimonio, se daba por sentado que las travesuras de las chicas precoces (llámese precoz a toda niña capaz de manifestar un interés genuino en conocer la verdad acerca de cómo se hacían los bebés) se limitaban a irse en combo con las amigas a ver películas porno en casa de alguna o, a lo sumo, a dejarse manosear del novio. Pero de masturbación, ni hablar.

Puedo asegurar que, durante mi adolescencia, la palabra masturbación jamás tuvo cabida en el universo femenino, mucho menos en nuestro léxico. Y, mientras los chicos tranquilamente se hacían la paja, entre las niñas este tipo de prácticas eran impensables e inadmisibles. Era como si "eso" fuera una cosa por completo ajena a nuestro género. De manera que hallar, o siquiera imaginar, que una muchachita se tocaba allá "abajo" resultaba más vergonzoso que "comerse la cosita antes del recreo".

Hoy recuerdo las tardes en que, con fastidio y estoicismo, soporté las sesiones de videos prohibidos que alquilábamos con nuestros ahorros de colegialas. Las películas triple X, con tipos de penes inverosímiles y viejas de gargantas profundas, haciendo maromas impensables, en nada contribuyeron a enriquecer mi despertar sexual.

La cuestión era tan absurda que, si veíamos a la protagonista de una película gringa de las que no muestran nada, estimularse justo "allí", y poner los ojos en blanco (sin siquiera gemir, ¡cosa asombrosa!), esa imagen nos perturbaba más que la cinta porno.

A ello se sumaba que, si una jovencita perdía su "virtud", le resultaba menos embarazoso confesarle a la mejor amiga que finalmente lo había hecho con aquel fulano, que hablar con ella de experiencias autoexploratorias.

Lo real era que entre chicas no hablábamos de pajazos, pero sí de cogidas antes de tiempo. La ironía de tal actitud reside en que, si todas hubiéramos resultado pajizas, creo que más de un mal paso nos hubiésemos ahorrado. La paja hubiera salvado a más de una de perder la virginidad sin más ni más con cualquier cretino, de casarse embarazada, o de dar con un tipo mal polvo y aguantárselo por el resto de la vida.

No es de extrañar entonces que las mujeres pertenecientes a generaciones anteriores a esta nueva "era" de exacerbada liberación sexual, se dividieran en:

> –El bando de las juiciosas, quienes optaron por llegar al altar sin jamás haberse acercado ni en sueños a su zona V, con su mente y su clítoris sin mácula, y totalmente ignorantes de la relación entre el cuerpo y el placer carnal.

–El de las que se pasaban horas en el baño, no precisamente duchándose, y…

–El de las que se comían "la cosita" antes de tiempo aún en contra de los convencionalismos.

¿A quiénes les fue mejor? Que entre el diablo y escoja. Lo sorprendente es que a la vuelta de unos cuantos años la revolución sexual tomó tal fuerza que en algunos puntos del planeta reivindicó el derecho de la mujer a su autosatisfacción en el terreno íntimo. A partir de ese momento el vibrador no sólo se erigió en el rey de los juguetes sexuales, sino –dado su innegable *status*– en el medio o instrumento en apariencia políticamente correcto de autogratificación femenina. La mayoría de películas porno que he visto restringen la masturbación femenina al preámbulo amatorio y al uso del dildo. Pero, ¿son los preliminares al encuentro cuerpo a cuerpo la única circunstancia apta para un pajazo? Y, ¿mujer que no tenga vibrador no se masturba?

La realidad es que la paja femenina tiene tantos prismas que, sin pretender hacer aquí apología de ella, quiero decir que este ejercicio íntimo aún no admitido como extendido en nuestro género resulta ser tan satisfactorio para quienes tienen pareja (sea adoptado en el repertorio amatorio, o no) como para las que pasan por un verano.

Además, recurrir a un pajazo no necesariamente requiere de un vibrador, y el hacerlo o no depende de circunstancias tan diversas como estar aburrida y/o querer experimentar auto suministrándote una dosis orgásmica a "tu estilo".

Un buen pajazo, lejos de ser pecado (¿cómo se nos va a proveer de un *kit* propio con maravillosas herramientas para que no las pongamos en uso?), constituye en esencia un atajo válido en la senda hacia el éxtasis. Lejos de ser un acto desesperado de soledad o de tratarse de una práctica netamente masculina, es un quite al verdadero pecado. En últimas, como ocurre con los hombres, la paja libera, alivia, hace volar, permite recrear fantasías, ahorra esfuerzo y, en especial, te permite recordar que, al fin y al cabo, tú eres la dueña de tu cuerpo, el capitán de tu propio barco, quien dirige el timonel y la brújula.

Confesión

Robarle al tiempo mi tiempo
El tiempo que anhelo regalarte en caricias
Me pesa cuando no puedo tenerte de cuerpo entero
De alma desnuda, de suspiro a flor de piel y deseo.
Me pesa el tiempo que te doy vestida
Armada convencional pieza por pieza
Cuando me quedo sin tiempo para que me desmontes
De mi cansado andamiaje
Y me descifres y respondas mis desesperadas preguntas
Sin musitar palabra
Diálogo silente de manos sabias, boca tierna, lengua hábil.

Me pesa el tiempo que se me niega
Para recorrerte a ciegas con mi brújula infalible
Cada vez que te me antojas...
Y ansío descubrirte una vez más
Reencontrarte una vez más.
Me pesa el tiempo del amor
Que se evade en los entretelones del día.
Quiero que ese amor salga desbocado
como animal que escapa al cautiverio
Saciarme de ti en un solo instante
Robarle al tiempo mi tiempo.

Fantasías femeninas

...las cremalleras bajaban como pétalos de rosa,
las prendas interiores se esfumaban en un suspiro,
como pelusa de diente de león.
Las lenguas se entrelazaban y se
convertían en líquido...
ERICA JONG

¿Qué incita a las mujeres a fantasear con el sexo? ¿Qué es lo que en definitiva nos conduce a imaginarnos en una faena memorable con cualquiera?

Parecerá absurdo, pero cuando pienso en fantasías sexuales, rara vez pienso en sexo de manera directa. Puede ser un gesto, la mirada invitadora de un desconocido, un chiste inteligente dicho por alguien hasta ese instante indiferente, desapercibido, invisible para ti. Puede ser una infidencia, un piropo, el observar a una pareja besándose con desbordada pasión... Puede ser un insignificante y cotidiano acto, de pronto cargado de magia, o cualquier hombre que para nosotras tenga la connotación de bello, aunque para el común no lo sea.

Jamás habrá suficiente claridad sobre las fantasías sexuales femeninas. En especial, si tenemos en cuenta que la mente de cada mujer es un universo único e irrepetible. El género femenino es tan complejo que es absurdo creer que todas queremos hacerlo en un avión con el típico extraño buenón, que anhelamos secretamente participar en un *menage a trois* (mujer, hombre, mujer), y que nos morimos por acostarnos con Brad Pitt. Todo eso está algo alejado de nuestras verdaderas fantasías eróticas o, por lo menos, de las mías. Me siento con licencia para afirmar que tales elucubraciones, que catalogo como desgastados clichés, más bien forman parte de un limitado imaginario masculino, y nada más.

Para mí, tener un orgasmo en el baño de un avión es misión imposible. Cuando te encuentras a miles de pies de altura, en medio de un vuelo turbulento, lo único que se te ocurre es rezar un rosario completo. En un espacio tan reducido, es imposible dar rienda suelta a la imaginación. Mucho menos si, pasando por alto todos esos impases, te atreves y se te escapa el pequeño detalle del post coito, es decir, el tema de la higiene. Sí, porque en las películas donde el galán seduce a la azafata o la heroína *sexy* se despacha al tipazo que le ha tocado de vecino, sólo está lo cinematográficamente exhibible. Ni siquiera nos muestran el polvo en cuestión, sino un desafuero de besos ardientes y restregón con estilo, que poco o nada tienen que ver con la lógica implícita hasta en la más descabellada de las fantasías. Mi lógica del sexo no descarta que, después de que culminas tu polvo soñado y estelar, tienes que lucir como si nada hubiera pasado; es más, lo exige. De lo contrario, la fantasía no tendría sentido. La esencia de la fantasía radica en la hipocresía de aparentar eso que no eres; en esa circunstancia particular: ofrecer la impresión de mujer recatada y decentísima… que jamás se atrevería a echarse un polvo con un desconocido en el baño de un avión. Para que la actuación sea perfecta hay que cometer la pilatuna y poner cara de inocente, salir bien puesta y muy segura de que ningún fluido revelador se te escurrirá por entre las piernas. Así que el tema de limpiarse de… después de… en frente de… me obsesiona a tal punto que no puedo pasar la página y obviar ese detalle como quien edita una película eliminando lo accesorio. Esos sucesos mecánicos sin importancia, que bien podrían formar parte de las escenas desechables de un *film*, en mi caso le restan el consabido hechizo a la trillada fantasía del avión.

En cuanto a lo del *menage a trois*… sin ánimo de ofender a las mujeres *gay*, les confieso que para una mujer eminentemente heterosexual la sola idea de acostarse con una persona del mismo sexo le produce una náusea similar a lo que experimentas en un vuelo turbulento a 10 mil pies de altura; en esencia, lo mismo que les pasa a los hombres hetero frente a la posibilidad de un encuentro íntimo con otro.

Y sobre Brad Pitt… Bueno, hay que reconocer que pocos ejemplares masculinos tienen, como él, la capacidad de inspirar fantasías sexuales femeninas a escala global. Pero, ¿tiene algún sentido irse a la cama con el hombre que todas quieren? Porque Brad Pitt podrá ser perfecto, ¡todo un muñeco!, pero no está exento de sufrir los estragos propios de tener que llenar las asombrosas expectativas eróticas de media humanidad, o de *todas* las mujeres que ven en él a una especie de dios viviente... Por lo que esa supuesta fantasía global, a escala individual, no aplica.

Pero si así, sin más ni más, vamos sacando de taquito a Brad Pitt de nuestro imaginario erótico, entonces, ¿qué es lo que nosotras, las complicadas mujeres deseamos y soñamos en materia sexual?

Al margen de la infinidad de fantasías sexuales que anidan en la mente femenina, yo diría que todo se resumiría en una recreación, escabrosa o no, de esos encuentros cuerpo a cuerpo (sin importar el número de participantes) en que el poder y la sumisión constituyen ingredientes indispensables. Se trate del poder representado en un falo que te penetra hasta la garganta. Se trate de estar vestida de Gatúbela y azotar a un ejemplar tipo Brad Pitt (ahí sí tiene cabida la fantasía con él). Se trate de recrear de manera imaginaria las dos caras de la misma moneda expresadas en asumir el rol de esclava o el de dominatriz. O se trate de imaginarse imbuida dentro de una completa anarquía post moderna tipo Sodoma, en la que fornicar a toda hora, con cualquiera y a la vista de todos, no sea asociada con el pecado, sino con una idílica libertad ausente de complicaciones.

Por mi parte, admito que una de mis fantasías más recurrentes consiste en tener como amante a un obediente y solícito "esclavo", dispuesto a jugarse la vida por satisfacer tal y como yo sueño, cada uno de mis caprichos en la cama, sin importar si ello implica "sacrificarse" y anteponer mi placer al suyo. Cameron Díaz lo ilustra muy bien en una escena de la comedia romántica *The Sweetest Thing*. Mientras sueña que el tipazo a quien acaba de conocer en una discoteca le practica sexo oral con tal dedicación, dulzura y destreza, que para él no sería problema quedarse "allí" por siempre, el personaje de Cameron se deleita saboreando una copa de helado monumental y ¡sin calorías! Algo que sólo podríamos catalogar como placer supremo.

Sin embargo, créanlo los hombres o no, la mente de la mujer es tan *sui géneris* que a veces el fantaseo sexual para nosotras ni siquiera reviste magia, sensualidad o deseo. Más bien es un desatado torbellino de morbosa curiosidad que se traduce en saber, por el sólo capricho de saber, cómo sería hacerlo con el mesero que te sirve un trago en un bar, con el compañero de trabajo más común y silvestre del mundo o con tu jefe, sí, ese tipo psicorígido e insufrible que te hace la vida cuadritos... o con cualquier amigo del novio.

Pero, aclaro, un detonador indiscutible de nuestras fantasías eróticas es cualquier muñeco inalcanzable, como esos que no pueden salirse de la película y vivir un idilio contigo igual al que vivía Cecilia, la protagonista de *La Rosa Púrpura del Cairo*, de Woody Allen, con su actor favorito.

Yo, por ejemplo, tengo un harem imaginario encabezado por Adam Levin, repleto de hombres que, de tenerlos frente a mí, los llevaría uno a uno a un callejón oscuro para cometer mil diabluras. Los amo desde intrépidos y tatuados, como el mismo Adam, hasta escrupulosos y formales como el más brillante ejecutivo que huele a *Eternity*; desde *sexys* y elocuentes, hasta misteriosos e impenetrables, tipo Michel Fassbender, en *Shame*; desde bonitos hasta la perfección, hasta feos con cierto encanto... en todo caso, siempre exquisitos, siempre inteligentes y singularmente románticos.

Pero mi fantasía es sólo mía y las de las demás seguro diferirán de ese tipo de gestos, palabras, actos, rasgos físicos, movidas o actitudes que a mí me ponen en "On".

Por fortuna, la mente, por su condición de infranqueable, es el más preciado tesoro del ser humano, y las fantasías sexuales de cada quien, en especial las de nosotras las mujeres, están seguras, a buen recaudo en ese maravilloso microcosmos. Se trata de un misterio, por demás, bien custodiado. Pues como bien lo afirma una amiga mía: "A tu cabeza nadie puede entrar jamás, ni con billete".

Sucede

Lorenzo viene con lo de siempre, con su amor crecido tan a destiempo, con su obsesión por recuperar a la mujer extraviada en quién sabe qué: quizá en los libros y la metafísica que le han corroído la materia gris, o tal vez, en las malas influencias de otras mujeres con ideas casquivanas, o de pronto en una aventura imperdonable.

No puede ni por un segundo imaginar a Miucia entregándose a otro, gozando con otro. Pero en lo más profundo de sí, sabe que la idea no es descabellada, mucho menos improbable. Es consciente de que la decepcionó y de que las mujeres decepcionadas temprano o tarde se la cobran. Conoce la naturaleza femenina más de lo que se permite admitir y sabe que en cada mujer el sentido de venganza se afinca en lo más recóndito de su corazón lastimado, muy presto a saltar al ataque como lo hace una fiera herida en el momento oportuno.

Sabe que Miucia, a sus años, es todavía hermosa, deseable como una fruta jugosa. Pero sobre todo sabe que muy poco queda de su resignado amor. Sabe que cualquiera, menos él, puede envolverla y embaucarla. Al fin y al cabo, él ha perdido el *status* de primero en su vida por encima de todo lo demás. Pero, lejos de aceptar y afrontar el hecho con resignación o resolución, en el compartido lecho conyugal la penetra con un desconocido frenesí y le hace el amor en modo desesperado. Amar a esa mujer que apenas lo tolera, se traduce en una embestida enérgica, casi brutal.

Miucia acepta con callada indulgencia el acto de amor vehemente. Soporta el peso de ese cuerpo conocido con la misma actitud estoica con que ha soportado de Lorenzo muchas otras cosas, en apariencia más livianas, pero al final, terriblemente devastadoras.

Mira el cielo raso de su habitación, como un ser que levita fuera de su cuerpo, como un tercero fuera de la escena… y espera. Siente la respiración agitada, el olor, el humor de la piel de Lorenzo. Con un jadeo bastaría.

Él se alivia sólo por el instante, para al cabo sentirse extraviado. Quisiera no tener ojos, intuición, ni conciencia para evitar enterarse del discreto desdén de su mujer. Su corazón doliente por el amor imposible lo hace venerar a Miucia como nunca antes. Quiere que ella por fin crea en sus buenos propósitos, en el hombre nuevo, en el mejor ser humano en que se ha convertido. Desea de una forma malsana que Miucia vuelva a ser suya como antes. Lo que Lorenzo aún no ha entendido es que su mujer de ninguna manera quiere ser la de antes. La otra Miucia quedó atrás hace mucho, mucho antes de que él lo notara.

La infidelidad femenina: cuando él no es el único

¡Ay, el amor de las mujeres! Sabemos
que es algo encantador y algo temible.
Todo a esa suerte lo echan, y si pierden
nada la vida tiene ya que darles
excepto burlas del pasado.
Como el salto del tigre es su venganza:
mortal, rauda, aplastante. Su tortura
es tan real, que lo que ellas infligen lo sufren
LORD BYRON

Histórica, culturalmente, la infidelidad ha sido un acto de reafirmación para el hombre y de degradación para la mujer. Eres más hombre mientras más mujeres tengas. Eres menos digna mientras más hombres tengas. Cuando el hombre es infiel se ratifica. Cuando la mujer es infiel se traiciona.

Aun así, la infidelidad te convoca, te tienta, como el diablo.

Con esa premisa abordo el tema, a partir de los interrogantes que acechan a la mente masculina: ¿Somos infieles las mujeres? ¿Podemos enredarnos con dos hombres a la vez? ¿Nos resulta fácil engañar? ¿Puede la mujer sentirse presa de un deseo incontenible por lo prohibido: vivir con uno y amar a otro? ¿Puede una mujer entregarse a dos hombres al tiempo y sentir que dos amores la completan?

Pese a que un sí rotundo ronda mi cabeza, debo declarar que no existen respuestas definitivas a tantas preguntas. Porque la infidelidad no es una cuestión de géneros, sino de individuos. Está sujeta a la naturaleza de cada persona. Eres en esencia y por naturaleza fiel o infiel, punto.

Después de haber tenido en mi vida a más de un mujeriego incorregible y de haber observado a más de una mujer engañar y traicionar sin más ni más y de manera recurrente, entendí que quien es infiel por naturaleza siempre volverá a las andadas. Eso nada tiene que ver con que te ame, o con que te haya prometido de mil formas distintas que no volverá a pasar.

Para un infiel por naturaleza el sólo hecho de estrenar otro cuerpo (qué más da si se trata de alguien más o menos bello, más o menos joven, más o menos interesante), la sensación de expectativa que siempre genera una primera vez, es el detonante que incita, y de alguna manera reivindica, todo pecado carnal. La excitación que genera la posibilidad de una aventura es como una adicción poderosa que no cederá ni aún frente al riesgo de perder al amor verdadero.

A ello se suma que el infiel en potencia parece estar dotado de todo el andamiaje que requiere consumar un engaño y, justo debido a esa "habilidad" innata para crear estrategias de seducción y mentir, puede hacer de la infidelidad una constante en su vida.

Quien no tiene esa condición, en caso de caer en la tentación, se sentirá preso del remordimiento y la indecisión. Será incapaz de sostener la mentira por tiempo indefinido. El desliz, más allá de suponer una traición al otro, se asimila como una transgresión de los propios límites que implica ir en contravía de su esencia. Quizá por eso todavía hay individuos para quienes la infidelidad es un complique.

Para tranquilidad de las mujeres, un pequeño porcentaje de hombres todavía opta por una auténtica monogamia. Pero, por desgracia para ellos, el número de mujeres infieles se incrementa de manera abrumadora, con el agravante de que, a la hora de engañar, nosotras somos tan condenadamente hábiles que, por lo general, el cornudo en cuestión jamás lo nota.

La infidelidad femenina se erige hoy en una realidad tan apabullante que, en países como España e Inglaterra, algunas encuestas han revelado que el índice de mujeres que engaña a sus parejas es superior al de los hombres en una proporción del 50% frente a 44%. Las cifras también revelan que entre el 45% y el 56% de mujeres casadas ha tenido una aventura extramarital al menos una vez en la vida.[3]

Según los psicólogos, la explicación a esta rebelión femenina no sólo parece generarse en los modelos de la infancia, sino también en la reivindicación de los derechos de la mujer. La situación es más evidente por el poder adquisitivo e independencia que ha adquirido la mujer postmoderna. En el terreno amatorio, se traduce en ver al hombre como un igual, en obviar los convencionalismos y ejercer su sexualidad con el mismo sentido de libertad.

La infidelidad no es un fenómeno exclusivo de un género en particular, pero la motivación para traicionar hace una gran diferencia entre hombres y mujeres.

Hago un paréntesis para contar el chiste del avión que se estrella en una isla y cuyos sobrevivientes son un hombre y una modelo de *Victoria's Secret*. Con el pasar de los días, y por la especial cercanía que surge entre las personas que comparten circunstancias extremas, el hombre y la modelo terminan echándose un polvo. Después del encuentro cuerpo a cuerpo, la modelo le propone al tipo un juego: "Hagamos de cuenta que llegan a rescatarnos. ¿Qué es lo primero que le dirías a tus amigos?" A lo que él responde: "A que no se imaginan a quién me estoy tirando".

La parte no revelada del chiste es que ella se hace la boba, pero lo putea para sus adentros mientras piensa: "ni de vainas me vuelvo a acostar contigo".

La infidelidad tiene el poder de inflar el ego masculino, lo cual se expresa en alardear frente a sus amigos de su última conquista y contar con pelos y señales cómo sedujo a la nueva secretaria. Para la mujer, por el contrario, un desliz involucra tantos cuestionamientos sociales y morales que no le cuenta ni a su sombra. Al margen de que tú o yo poseamos o no el gen que, según el profesor inglés Tim Spector, del Hospital Santo Tomás de Londres, nos puede hacer proclives a tener aventuras, creo que lo que con mayor frecuencia impulsa a una mujer a serle infiel a su pareja es la insatisfacción.[4]

Una carencia sexual y/o afectiva, evidente en el hecho de sentirse menospreciada o ignorada por su pareja, o –lo que es mucho peor– saberse traicionada, despiertan en la mujer sentimientos tan fuertes y devastadores, como el deseo de castigar al hombre por su proceder. ¿Quién, que haya pillado al marido o al novio con las manos en la masa, no ha pensado en pagarle con la misma moneda?

Así, mientras ellos traicionan por diversión o por el anhelo de reafirmar su ancestral instinto cazador, por zafarse del tedio de una relación estable, del sexo predecible y de una cotidianidad sin mayores expectativas; nosotras, en la mayoría de los casos, traicionamos por venganza, la cual es más dulce cuando hay menos probabilidades de que la verdad salga a la luz.

Desde esa perspectiva, la mujer infiel lleva su secreto a cuestas como una maldición, una suerte de tortura. La carga es más pesada cuando al traicionar siente que se traiciona... porque todavía ama a su pareja y tiene el corazón dividido. Pero no todo es negativo. Al mismo tiempo, el encuentro fortuito que la hace sentir genuinamente apreciada, plena y libre, es como un regalo bien merecido. Todo se ve mejor cuando corrobora que el hombre, con quien ha mantenido una relación estable o duradera, no la merece.

Si en el devenir de esa aventura surgen chispas de amor verdadero, si el amante se muestra dispuesto a jugárselas todas por esa mujer ajena, no es de extrañar que, tras un intenso debate interior entre placer y culpa, ella se decida a dar el paso y abandone al marido o al novio. Pero eso raras veces ocurre. No hay que olvidar que para ellos el sexo no necesariamente está vinculado a un sentimiento profundo. Suponiendo que ocurra, él infiel abandonado quedará viendo un chispero, porque la creía segura. Es entonces, en el momento en que los agraviados descubren que han perdido a quien daban por descontado, cuando se reaviva en ellos el amor dormido (ya para qué) y sienten el impulso de ser menos orgullosos, y menos "dignos", y prometen esta vida y la otra con tal de recuperar lo perdido.

Un consejo a los posesivos. No es preciso desgastarse haciendo escenas de celos, armando videos infundados de traiciones o controlando a su pareja sobre cómo vestirse, comportarse o expresarse para no provocar la lujuria de los otros (sean éstos compañeros de trabajo, instructor personal o hasta el mismo cura). Para que una mujer traicione a su pareja, las razones más fuertes son que le hayan puesto los cuernos o que, en definitiva, la traten como un accesorio más de la casa. Quizá a algunos pueda servirles de consuelo saber que ni siquiera la falta de orgasmos es una razón fuerte para buscar a otro.

Es cierto que un clavo saca otro clavo. Pero es un error pensar que, para nosotras, abandonar al marido o al novio, con quien la relación es caso perdido, necesariamente implica estar enamoradas de otro. Hay situaciones que son insostenibles, como la cotidianidad con un tipo malgeniado, o controlador, o autoritario, o celoso, o irresponsable, o maltratador, o indolente, o tacaño, o mantenido, o depresivo, o con adicciones... Sin embargo, recuérdese que también están las que, fieles a su naturaleza infiel, engañan porque sí. Cada vez son más visibles las que no pueden ser felices dentro de una relación monógama y traicionan a diestra y siniestra, disfrutando a plenitud la emoción que produce lo prohibido. Estas mujeres casquivanas crean estrategias de seducción para ligar con varios tipos al tiempo, su estilo es semejante al del machismo en el hombre, y cada presa sirve para reafirmar sus egos de devoradoras de hombres.

En conclusión, la infidelidad no es chévere venga de quien venga. Es cierto que las mujeres estamos más dispuestas a perdonar (porque así nos lo han inculcado desde tiempos inmemoriales), en especial cuando se trata de un desliz y no de la traición que involucra sentimientos por una tercera persona. Pero a veces resulta imposible sanar la herida que deja un engaño. En el caso del hombre, la sola idea de imaginar a su pareja en brazos de otro es, por lo general, un golpe que su ego raras veces supera.

Lo bueno es que las nuevas generaciones de hombres y mujeres se muestran cada vez menos tolerantes hacia la infidelidad. Esto tal vez se deba a la libertad y franqueza con que hoy en día se da la dinámica de pareja, o a una renovada y ojalá mejorada escala de valores que aspira a imponerse por encima de las desalentadoras estadísticas.

Maduritos vs bichecitos

¿Que por qué los prefiero (los hombres jóvenes)? Es obvio, no necesitan ninguna ayuda
Wendy Salisbury

Sinceramente creo que la edad –si estás sano– es sólo un número, un número sin sentido
Hugh Hefner

Existe una teoría popular que da cuenta de la celeridad con que envejecen quienes tienen parejas mayores a su lado y del efecto rejuvenecedor que tiene "un bañito de colágeno", traducción: una pareja significativamente menor.

Aunque no tiene fundamento científico, creo en esa teoría. La corroboro cada vez que observo a un hombre mayor brillar con una nueva luz y vigorizarse al lado de una mujer que bien podría ser su hija. La confirmo al notar cómo mujeres maduras rejuvenecen al lado de tipos menores, como si el más viejo absorbiera la lozanía del más joven y se acortara la brecha generacional que en un comienzo los distanciaba, casi al punto de hacerlos lucir contemporáneos.

Pero, dejando de lado mis paradigmas, las preferencias son individuales.

Hay mujeres edípicas, pero también existe la versión femenina de los viejos verdes.

Hablando de hombres, algo que para decepción de ellos no hacemos las mujeres todo el tiempo (valga este paréntesis para aclarar que los temas que con mayor frecuencia tratamos entre "chicas", son la moda y los trapos, los chismes de farándula y cómo nos sentimos a cierta edad, que dicho sea de paso puede ser cualquier edad), una amiga comentaba de lo bien que le había ido en la intimidad con su nuevo novio, un señor entrado en años que, según contaba, la había hecho ver estrellas en la cama, no sólo por su admirable vigor sexual, sino por la experiencia atesorada en las lides amatorias a lo largo de su vida.

Otra amiga, que también formaba parte de la "tertulia", aseguraba que su nueva conquista, un "bombón" treintañero en plena flor de la edad (como diría Vargas Llosa), había resultado ser un amante sorprendente por su disposición a anteponer el placer de ella al suyo... La una y la otra se trenzaban en una suerte de rencilla por demostrar quiénes eran los mejores amantes, si los maduritos o los más bichecitos. La primera argumentaba que el hombre mayor se toma su tiempo para hacer feliz a la mujer en la cama y que su propósito principal no es la autocomplacencia. La segunda afirmaba que ser un buen polvo no tiene nada que ver con la edad. Y, mientras el debate continuaba, yo me preguntaba por qué tipo de hombre se inclinaría la balanza: por los de 50 y algo, por los que rondan los 40 o por los "novatos" y nada despreciables veinteañeros.

La incógnita me ponía en la difícil situación de ser abogada del diablo, sin saber a ciencia cierta cuál bando apoyar. Por un lado, tengo una marcada preferencia por los tipos jóvenes. Esto me hace mirar con indulgencia a los viejitos rabo verde que adoran salir con "lolitas", pues me identifico de una manera rotunda con ellos en la atracción que ejerce la belleza de la juventud y en el placer innegable que se experimenta al acariciar una piel "nueva". Pero, por otro lado, debo reconocer que si me pusieran en la difícil situación de tomar partido y calificar el desempeño sexual masculino bajo el parámetro de la edad, no sabría a cuál categoría apostarle. Es innegable que tanto con los jovencitos, como con los mayorcitos, se pueden tener situaciones afortunadas y desafortunadas.

A fin de ser "objetiva", quise tener muy presente no sólo mi experiencia, sino también las de conocidas y amigas que hallaron amantes inmejorables en parejas de edades bien distintas. Tal es el caso de aquella divorciada para quien un sesentón con más aspecto de patriarca que de cualquier otra cosa, resultó ser todo un chico travieso en la cama; pues le enseñó posiciones que sólo un aplicado practicante del Kama Sutra puede dominar. Ni qué decir de una atractiva soltera de 42, quien encontró en un hombre de 57 al amante soñado: romántico y considerado, que sabe bien para qué se hizo el cortejo, entendido como algo estrechamente ligado a la palabra preámbulo.

En el otro extremo estaba la adicta a los "pollitos" que descubrió, en su recién "adquirido" macho alfa de 27, todo un caballero en la cama, investido de una paciencia y apasionada ternura por completo insospechadas en alguien de su edad.

La recopilación de tantos testimonios a favor y en contra de unos y de otros, que bien podría constituir una nueva versión del *Informe Hite*, no sería muy útil a la hora de establecer quiénes son los ganadores de esta particular contienda.

Lo más práctico es "ilustrar" a los hombres, sin distingos de edad, sobre lo que las mujeres consideramos un buen amante. Para empezar, vale aclarar que la experiencia juega un papel importante. No hablo del número de polvos que un tipo se haya echado en su corta o larga vida, o de cuántas mujeres se haya tirado (cuyo registro minucioso no es ficción garciamarquiana, sino una manía machista y ególatra de algunos hombres), sino que hablo del aprendizaje que sus vivencias amatorias le hayan dejado en materia de complacer genuinamente a una mujer.

Si el hombre es bien experimentado sabrá que...

Una mujer tiene entre sus necesidades más apremiantes la de ser escuchada con genuino interés. Si eso viene acompañado de un buen polvo, mejor.

Sin embargo, para la mujer también es importante que le endulcen el oído. En mi opinión las palabras dulces son la primera movida del *foreplay* y, por cierto, la estrategia más importante del juego amatorio. Si eres un artista en el arte de decir lo que esa mujer se muere por escuchar, estás cerca de hacer "hoyo en uno".

El asedio, la conquista, el cortejo, son pasos inherentes a la consecución del objetivo: llamémoslo polvo. Como bien lo afirma una amiga de matrimonio estable, el acercamiento bien puede empezar en la mañana, desde el momento en que se levantan con ganas de echarse un rapidito, pero sin tiempo para hacerlo, hasta cuando llega la anhelada noche, los niños por fin están dormidos y la casa está sumida en un silencio invitador. El polvo es propicio, y con pronósticos de un buen final, si el marido se ha esmerado en hacer sentir a su mujer deseada e importante *Todo el día*, mediante pequeños gestos que van desde una llamadita cariñosa a media mañana, un beso de despedida al estilo francés (con lengua incluida), hasta un regalo sorpresa. Lo opuesto de este idílico preámbulo sería la actitud descuidada de aquel caballero que da por sentado que la mujer con la que duerme es y será siempre materia dispuesta.

Si eres uno de esos solteros que están en el "mercado", en busca de la amante complaciente, la llamada post encuentro íntimo (al día siguiente) es de obligatorio cumplimiento. Si quieres que la experiencia se repita, este gesto es infaltable.

El preámbulo que implica una buena sesión de caricias constituye, para el 90 por ciento de las mujeres, el primer indicador de que se está frente a un buen amante.

Pero al lado de esos aspectos, digamos positivos, que todo hombre experimentado sabrá tener en cuenta, a fin de ser catalogado como buen amante, están esos otros negativos, pertenecientes a la categoría "no deberías", que literalmente podrían convertirlo en lo opuesto.

Un mal amante incurre en actos tan desatinados como:

Creerse irresistible y no esmerarse mínimamente en conquistar, asediar o cortejar a la mujer objeto de su deseo.

Suponer que se es el mejor polvo del mundo y que su manera de hacer el amor es la mejor.

Pensar que los polvos largos, eternos, son una prueba irrefutable de virilidad, con el agravante de asumir que nos gustan a *todas*.

No entender que cada mujer es única en fisonomía, zonas erógenas y preferencias sexuales. Para el buen amante, el carácter único de cada mujer requiere proceder como un conquistador cauteloso y considerado en una tierra inexplorada.

Ser buen amante es ser consistente. Eso significa mantener la misma actitud cautivadora *siempre*. No hay que defraudar a la depositaria de tu atención con un desinterés que raya en la indolencia, justo después de haber obtenido el tan anhelado y luchado polvo.

Otras cosas que hacen los malos amantes:

Venirse muy rápido.

Acudir a la vaselina, en vez de a la paciencia y los preliminares.

Caer en la rutina: la misma hora, el mismo escenario, la misma posición…

En resumen: Los buenos y los malos amantes no tienen edad. Pero el hombre en cuestión puede quedar camuflado en cualquiera de las dos categorías. Ello depende de la sintonía o del desencuentro que haya experimentado con una mujer en particular.

Para mí, una delgada pero clara línea separa a los unos de los otros: es la identificación que todo buen amante tiene con el ritual del cortejo que los machos del reino animal realizan cuando se trata del apareamiento. Contrario a lo que ocurre entre los humanos (una cosa compleja que encarna cuestiones éticas, morales y sociales, y a la que además se le ha añadido una dosis exagerada de misterio), para los animales se reduce, de manera estricta, al instinto y la fecundación.

A pesar de eso, el oso polar sigue, kilómetro a kilómetro, el olor del orín de la hembra. El pavo real despliega su multicolor plumaje. Y el canario canta de manera sublime antes de aventurarse en la arriesgada tarea de consumar ese acto que, para muchas especies, compromete la vida.

En contraste con ese ritual propio de las criaturas del reino animal, el hombre que no se interesa por ser un buen amante se olvida del preámbulo y sólo piensa en añadirle un polvo más a su lista secreta. A los que están en este grupo les queda centrar su estrategia de conquista en una buena cena, ambientada con un monólogo de poder, sobre cuánta plata ganan y sus grandes hazañas, siempre esperando de esa "inversión" una "recompensa".

Por lo demás, pueden contar con suerte si la mujer a la cual pretenden se identifica con el rol que ellos desean que ella asuma en la relación: se trate de hacer el papel de niñera o el de enfermera.

Las divorciadas

Hay chicas que saben darte lo mejor de sí,
que se dejan llegar con una bolsa de papel
en cuyo interior hay un tesoro
Efraím Medina

Lo reconozco, en principio el tema no me sedujo. Escribir sobre lo que hacen las divorciadas para llenar el vacío en sus camas, no me apremiaba de la misma manera que me ocurrió cuando decidí abordar el Punto G o escribir acerca de las inconfesadas fantasías sexuales femeninas… Pero hay que admitirlo, a los hombres la incógnita que les suscita la mujer divorciada, viuda, separada… en toda caso sola, les carcome algo más que el cerebro y, ante tal expectativa, no quedó otra que hacer la tarea.

Por fortuna para mí, el tema de las divorciadas vino a convertirse de un momento a otro en pulpita fresca. Porque la fila de mujeres divorciadas, recién caí en la cuenta, engrosa a diario, ¡y de manera pasmosa! Sólo hace poco noté que mi patrimonio de amigas divorciadas rebasaba en amplio número el de mis amigas casadas y que a las primeras pocas veces les hace falta un plan. Esta situación facilitó el análisis que me condujo a sacar conclusiones fiables sobre su vida sexual.

Vayamos al grano: Si perteneces al grupo de hombres que se devana los sesos por saber cómo se las arreglan las divorciadas con el sexo, y si, además, piensas que las mujeres "solas" son presas fáciles para una aventura erótica, bájate de la nube. No todas las mujeres divorciadas están hambrientas de sexo ni, mucho menos, dispuestas a irse a la cama con el primero que se lo pida.

Es cierto que para la mayoría de las mujeres renunciar de forma abrupta al sexo, después de haberlo conocido, paladeado y disfrutado, es como para el miope privarse de sus gafas para leer el periódico. Porque el sexo, después de probarlo, es para el ser humano tan imprescindible como la comida. No en vano, el sexo está catalogado como un instinto básico, una necesidad primaria para ambos géneros. Pero las mujeres no estamos las 24 horas del día conectadas con el tema, normalmente no asumimos el sexo como una necesidad apremiante.

Sin embargo, es un hecho que un buen polvo alivia cualquier carga. Como las divorciadas, por su condición generalizada de cabezas de hogar, se distinguen por llevar una vida sobrecargada de tareas y responsabilidades, surge, de manera ineludible, la pregunta que dio origen a esta reflexión: ¿Cómo hacen?

La respuesta no es simple. Está tan llena de matices como el género femenino. Oscila desde la promiscuidad o putería, hasta el extremo de la santurronería y la represión autoimpuesta, pasando por el sexo cerebral, el sexo responsable y mesurado, el sexo por interés, el sexo moderadamente liberado y hasta la renuncia disfrazada.

La respuesta requiere que fragmente mi *target*, así:

La cerebral

A este grupo pertenece esa mujer que, después de sentarse a llorar o a putear al ex, tras la separación de bienes y mudarse a vivir sola, reemprende su vida con el claro objetivo de conseguirse un tinieblo. Lo que busca es un hombre que no aspire a vivir de ella ni con ella, ni mucho menos a ser su pareja, pero que esté dispuesto a satisfacer su necesidad básica de sexo. Quiere que le hagan un buen "mantenimiento", sin compromiso distinto a tenerla contenta en la cama. Conclusión: este tipo de divorciada se las arregla en el sexo con un amante secreto.

Características: Mujer sola, segura de sí misma, cuidadosa en el manejo de sus finanzas y muy preocupada por las apariencias y el qué dirán. Es la clase de mujer que no le cuenta ni a su mejor amiga que se está echando una canita al aire. De puertas para afuera, atraviesa su "verano" con estoicismo. De puertas para adentro, la cama arde. Preferencias: hombres jóvenes, cariñosos, atentos, desinteresados y ardientes, cero complicados y de espíritu libre. Ambición: Disfrutar su nueva soltería y su sexualidad de manera responsable, pero sin ataduras.

La idealista

Es la típica mujer que piensa que el sexo sin amor es inadmisible y, con base en ese paradigma, asume su nueva vida con la esperanza de hallar la conexión perfecta con un hombre especial, capaz de valorarla como nunca lo hizo su ex. Secretamente anda en la búsqueda de quien le haga ver estrellas, por eso de vez en cuando puede echarse un polvo loco –producto de un error de percepción o de su transitoria vulnerabilidad– con algún vecino, ex novio, primo o amigo desparchado. Pero eso no implica que sea presa fácil de los depredadores que andan a la "caza", es decir, de gigolós o pelaos bonitos que quieran explotarla con billete.

Características: Mujer sola, de mediana edad, por lo general atractiva, abierta a conocer y hacer amigos. Le encanta chatear en Internet, salir de *Happy hour* con sus amigas también "solteras", y crear su perfil en sitios o páginas *web* como *Latinlovesearch*. Esta mujer por lo general tiene un compañero sexual fijo, llámese novio real o virtual. Preferencias: Extranjeros o nativos maduritos con buena presencia, tipos hechos y derechos con solvencia económica, sensibles, amables y dispuestos a abrirse de corazón y a comprometerse en una nueva relación de pareja. Ambición: Encontrar a su alma gemela y tener un segundo chance.

La devoradora de hombres

En esta categoría encaja la mujer sola y, por cierto, objeto frecuente de las fantasías masculinas cimentadas en el sueño de "rescatar" sexualmente a la chica desolada. Sólo que ella no está tan desolada. Se trata de una especie rara y, sin embargo, muy vigente: la de la mujer desenfrenada cuyo divorcio, fracaso o separación, no sólo le abrió la puerta a la libertad, sino también las piernas. Es aquella que asume la ruptura de su relación como una oportunidad para la aventura y la experimentación sexual. Motivada por un sentimiento de venganza hacia su ex, o por simple autogratificación, se ha dado la licencia para fornicar aquí y allá. Es la clásica devoradora de hombres cuya filosofía de vida es "hacerlo bien sin mirar a quién", sin siquiera preocuparse por el qué dirán. Ella es una convencida de que las mujeres y los hombres somos iguales, punto. En sintonía con su filosofía, vive el sexo sin expectativas afectivas, porque no le interesa ni cree en el compromiso. Este es el tipo de chica de avanzada que bien podría vivir en Holanda o en Suecia, donde su reputación no estaría condicionada por el número de polvos o de compañeros sexuales que tuviera en su haber.

Características: Mujer sola, con cara de "yo no fui", pero agresiva sexualmente, quien no se incomoda por tomar la iniciativa. Es toda una mamita rica, o cuchibarbie, a quien le encanta frecuentar bares, discotecas y demás sitios donde abundan los tipos en busca de plan. Ella siempre tiene con quien acostarse, por eso mantiene una buena provisión de preservativos en su cartera, en su mesa de noche y como prioridad en su lista de elementos de aseo personal. Preferencias: Los tipos jóvenes, ojalá bellos y comehierro, o cualquier macho alfa buenón con una desbordante emisión de feromonas. Ambición: Vivir el presente y seguir pensando y actuando como los putos hombres.

La capitalista

Con este adjetivo identifico a la mujer que, de manera más consciente que inconsciente, se venga por lo vivido y lo perdido y capitaliza su fracaso en términos económicos, convirtiéndose en la amante de un hombre acaudalado y espléndido con capacidad para solucionarle todos sus problemas de plata y más. A ella no le interesa ser la primera en la vida de nadie, sino vivir rico sin tener que mendigarle al ex (aunque de hecho lo siga haciendo) por la consabida pensión.

Características: Mujer divorciada o separada, lo suficientemente atractiva para levantarse y darle tres vueltas a un viejo millonario o a cualquier tipo billetudo y generoso hastiado de su vida conyugal, pero sin miras a la separación. Ella es la propia amante imaginativa, agradecida y seductora, quien además de tener una vida sexual estable y satisfactoria, goza de todas las prerrogativas inherentes al estilo de vida de "la otra": regalos, viajes y hasta de un tinieblo más joven y vigoroso que el marrano que la mantiene. No es necesario nombrar sus preferencias. Ambición: Ser mantenida de por vida sin más compromiso que hacer feliz sexualmente a su espléndido proveedor.

La estratega

Este es el tipo de mujer que está abierta a distintas posibilidades: sueña sin apremios con una nueva relación, pero de vez en cuando tiene su "mientras tanto". Se vacila a alguien sin mayores expectativas, sea un amigo cariñoso de plan completo o noviecito de momento, lo que le garantiza echarse sus polvitos para evitar que se la coma el óxido.

Características: Mujer sola con potencial para el levante. Por lo general tiene un novio o amigo con quien ir a cine, a bailar y a copular. Goza contándoles a sus amigas detalles sobre sus proezas y aventuras amatorias. Ambición: Pasarlo bacano y vivir de mientras tanto en mientras tanto, mientras llega el amor verdadero.

La reprimida

Este es el tipo de mujer que piensa que el sexo por fuera de la institución del matrimonio es pecaminoso, por lo que se abstiene de él como si cumpliera una penitencia.

Características: Mujer apocada, poco vanidosa, triste y atenida a su suerte. Frecuentemente tiene sueños húmedos e inconfesables fantasías sexuales que le atormentan la vida. Ambición: Que alguien, aunque sea en la imaginación, le dé su buen revolcón.

La recursiva

A esta clasificación pertenecen todas aquellas mujeres que, a falta de un hombre real y por evitarse cualquier complicación de tipo emocional, cuentan con un arsenal de juguetes más sofisticado que el *stock* de un *sex shop*.

Por último, para todas las mujeres divorciadas, separadas, viudas y solas que aman y disfrutan su libertad, una venia sincera por la valentía y creatividad con que asumen sus vidas y su sexualidad. Sobre todo, por la manera inteligente en que sin putearse, putean la vida de los putos hombres que se devanan los sesos pensando: "Y ellas, ¿cómo hacen?"

La bandera roja del sexo

Había muchas razones por las cuales los hombres la dejaban
pero una de ellas era su humor insoportable durante siete días cada mes
Wei Hui

La regla, ese fenómeno de la vida femenina que nos produce tantas emociones encontradas: repulsión, alivio, plenitud, limitación, reafirmación y rechazo, es una de esas cosas que afectan, para mal o para bien, nuestra vida sexual.

¿Quién no se ha privado de un polvo por estar en sus días?

En el otro extremo (menos común) figuran las mujeres que piensan que con bandera roja "nadar en aguas profundas" resulta una experiencia mucho más explosiva y placentera y justo para ese momento planifican un encuentro cuerpo a cuerpo con la gran expectativa de tener orgasmos múltiples.

Existen infinidad de mitos alrededor de la menstruación y lo cierto es que muchos de ellos rigen nuestra vida en esos días. Se dice que hay que evitar a una peluquera que tenga el período, porque tu cabellera sufrirá los estragos de ese particular cambio hormonal. Se dice que si tienes la regla lo más probable es que no te suba un batido de huevos, se te corte la leche o la mayonesa, y se avinagre el vino. Pero más allá de los mitos y su influencia, el desconocimiento masculino sobre lo que pasa en nuestro cuerpo cada mes provoca en los hombres una suerte de fascinada curiosidad.

Lo que ocurre es sencillo. El óvulo que no es fecundado se desprende, junto con el endometrio o capa que recubre el útero, y sale por la vagina en forma de sangrado. El proceso puede durar de tres a seis días. Poco antes de que esto ocurra hay ciertos cambios hormonales que afectan nuestro organismo y que obran en nuestro ánimo de formas tan diversas que es por eso que resultamos incomprensibles para los hombres.

Son de conocimiento general los desajustes y cambios de humor que se le atribuyen al género femenino alrededor del día 28. A un buen número de mujeres esos cambios nos pueden hacer actuar como desquiciadas o nos sumen en una tristeza inexplicable. Para las más afortunadas los desajustes no pasan de un persistente dolor de cabeza, inflamación de vientre, o senos, cólicos, diarrea, náuseas o alguna pasajera sensación de ansiedad… nada que el tiempo o un buen ginecólogo no ayuden a afrontar.

En mi caso, cada vez que me acecha un profundo "déjame estar", con su típico existencialismo y su malparidez cósmica, es infalible que la regla está próxima a hacer su aparición. Llega con las características decepción y falta de fe en la especie humana y en las posibilidades de avanzar en este mundo. También conozco uno que otro caso de mujeres cuyo talante se transforma de tal manera, antes y durante el período, que parecen poseídas. Según ellas, hasta la más entrañable amistad peligra por culpa de la ira e intolerancia irreprimibles que les ocasiona la proximidad de "la visita". ¡Tremenda vaina son las hormonas!

Ni qué decir de esa fase del período en pleno, cuando sientes que toda tú eres un pantano, no importa cuán prometedores figuren los tampones y las súper toallas con sus mil propiedades de máxima absorción, comodidad e higiene.

Aun así, como todo en la vida, la regla es cuestión de actitud, tanto de quienes la "padecemos", como de ese alguien con quien compartimos las sábanas. Hay para quienes significa la mejor de las bendiciones: una evidencia contundente de tu feminidad, de tu facultad para procrear y un sinónimo de juventud. Para otras es una especie de maldición: un suplicio de incomodidades y limitaciones, del que más bien desearían librarse cuanto antes.

A propósito de actitudes y de gustos, recuerdo a un amante bastante liberal que adoraba ver cómo "él" se teñía del característico color que identifica esa corriente de pensamiento. Pese a mi renuencia a hacerlo con la regla, su entusiasmo era tal que terminaba accediendo a sus requerimientos. Otro aseguraba con tajante convicción que él era de todo, menos vampiro, con lo que la posibilidad de tener un encuentro íntimo en mis días, era inadmisible.

Lo claro, para mí, es que, al margen de las preferencias individuales, no existe mayor diferencia entre un polvo con regla y otro sin ella. Reconozco que a muchos, lejos de proporcionarles orgasmos estelares, les baja la nota. Pero no faltan esos pocos para quienes el éxtasis coloreado de carmesí es de proporciones estratosféricas.

Frente a tantas posturas contrarias, no falta quien pregunte si se vale o no hacerlo con el período. Yo respondería que todo depende del tinte que le pongas. Al fin y al cabo, la menstruación es un evento natural que, por esa misma razón, no debería estar revestido de tantos mitos y prejuicios, que operan como filtros de nuestra perspectiva.

Es cierto que, en la antigüedad, algunas culturas asumían la regla como algo repugnante y, en consecuencia, cuando las mujeres la tenían, eran apartadas de sus semejantes como si padecieran un mal contagioso. Pero en otras sociedades, de mentalidad avanzada, la llegada del período era asumida como el despertar e iniciación sexual femenina y, por ende, era celebrada con bombos y platillos.

Durante mucho tiempo persistieron creencias populares acerca de lo que se debía y no se debía hacer en esa particular circunstancia: no bañarse, no mojarse en la lluvia, no comer cítricos, ni mucho menos hacer el amor... Pero todo aquello quedó desvirtuado con el avance de la ciencia y la medicina.

Regla y embarazo ¿Sí o no?

Técnicamente, la regla no es el período más fértil para la mujer. Durante ella se desechan el ovulo no fecundado y el endometrio o capa uterina que debía acogerlo. Sin embargo, para evitar accidentes, lo apropiado es usar preservativos. Sobre embarazos no deseados, casos insólitos se han visto.

Regla e infecciones

Si bien el período menstrual no es más que un proceso natural en la vida de la mujer, por lo que no debería asimilarse como algo sucio o repugnante, la sangre y el semen son medios a través de los cuales se transportan microorganismos responsables de infecciones menores y de enfermedades como hepatitis, gonorrea, sífilis y, por supuesto, del VIH. De manera que, sólo si tienes una pareja estable y confiable, prescinde del preservativo, aunque no es lo más recomendable. También abstente del sexo oral. De lo contrario, estarás expuesta a sufrir cualquiera de las patologías mencionadas.

Regla y placer sexual

Algunas mujeres aseguran que durante el período menstrual son proclives a tener orgasmos más intensos, a sentirse mucho más excitadas. También sostienen que el encuentro íntimo contribuye a disminuir molestias propias de esa fase, como inflamación abdominal, cólicos y tensión emocional. Para otras el tema es puro mito.

Los orgasmos explosivos que se atribuyen a las relaciones durante el período son resultado, según los expertos, del sentimiento de libertad que en la mujer proporciona la certeza de saber que el embarazo durante la menstruación es imposible o poco probable.

Como contribución a quienes se declaran enemigos de la sangre, la buena noticia es que si no te place para nada la idea de hacer el amor con el período, o si éste altera de manera significativa el ritmo de tu vida, existen trucos para engañar a la naturaleza. Los anticonceptivos orales, tomados para alargar, acortar o evitar el período "a voluntad", bajo prescripción y supervisión médica, te permitirán programar su llegada y su partida. Sólo es cuestión de continuar o interrumpir el consumo de la píldora de acuerdo con las fechas propicias para un encuentro con ese amante que llega de viaje o ese evento deportivo crucial para tu futuro.

Si, pese a ello, el polvo con regla, por placer, oportunidad o convicción es ineludible, te aconsejo no hacerlo cuando el flujo es más fuerte. Es preferible al comienzo o al final que durante, por aquello de los riesgos implícitos en su práctica y porque después de la faena tu sangrado será más copioso. La otra opción es usar preservativo.

Pero, al final, todo es cuestión de preferencias. Hacer el amor, siempre que aporte placer supremo, y ojalá exento de remordimientos, será un disfrute producto del consenso entre dos, porque sobre el sexo y la regla no se admiten reglas.

Lo que nosotras queremos

No era una lección de cosmografía, pedante e ingenua,
no, era un galanteo ardiente, era su modo de vencer la timidez
y ofrecerle la magia de la noche y su amor
Jorge Amado

Saber qué queremos las mujeres, descifrar la incógnita que somos, develar el misterio que nos habita, ha sido tal vez el mayor deseo masculino. Resolver el enigma que somos constituye el más codiciado tesoro para todo hombre que aspire a ser el amante ideal o convertirse en una suerte de don Juan Tenorio, con todo un séquito de admiradoras rendidas a sus pies.

Porque decodificar el particular y complejo universo femenino garantiza, a aquel que lo consiga, poder acceder al cuerpo, el corazón y la voluntad de la mujer. Más aún, implica quedarse ahí, permanecer, aunque sea en su recuerdo. Tal vez por esa razón (¡Oh sorpresa, para aquellos que todavía sueñan con desvirgar a una inocente doncella!), para la mujer el primero nunca será el primero, sino el último. O, en su defecto, siempre será el primero aquel que haya logrado anticiparse… y satisfacerla de manera genuina.

Sin embargo, la cosa no es tan fácil. Como diría el poeta Mario Benedetti, la cosa es "mucho más grave" cuando se trata de saber, en verdad, qué es lo que nosotras queremos. Las mujeres somos tan condenadamente particulares que, para cualquier mortal del género masculino, es un tremendo desafío tratar de entendernos, en especial cuando estamos muy cerca al "temido" día 28. Tal vez por eso más de uno haya claudicado en su intento, al punto de asumir que *todas* somos iguales, lo cual constituye una comprensible torpeza, o de recurrir a una retórica romántica y poco realista consistente en afirmar que a las mujeres no hay que entenderlas, sino amarlas. Este último argumento queda desvirtuado frente a la pregunta: ¿Puedes amar o proporcionarle verdadero placer a alguien a quien no conoces o a quien no puedes entender?

Pero, apartándonos de este preámbulo, y a fin de contribuir de una vez por todas a esclarecer el interrogante que somos para los hombres, empezaré por decirte a ti, lector, que la tarea de interpretarnos y traducirnos no es para nada sencilla. Poder conquistar a una mujer, hacerla tuya, doblegarla (se trate de algo transitorio o permanente) y ser inolvidable para ella, requiere llegar hasta su cerebro. ¡Sí! Esto nada tiene que ver con que seas el tipo más inteligente del mundo, sino con que sepas comerle el coco. Para eso es necesario analizar la intrincada psicología femenina, al punto que adquieras la capacidad de establecer dentro de tu cabeza frente a qué tipo de mujer te encuentras y actuar, anticipándote a cada movida, como si leyeras su mente. Y créeme que leerle la mente a cualquier mujer sería lo más fascinante del mundo para un hombre, sin descartar el seductor efecto que tendría en cada una de nosotras el sabernos comprendidas. Un ejemplo que ilustra a la perfección esa situación hipotética se encuentra en *Lo que ellas quieren*, aquel entretenido *film* protagonizado por Mel Gibson. En una de las historias de la película, la chica interpretada por Marisa Tomei queda abrumada y prendada de ese hombre que parece haberla leído por completo. Al final, a falta de una segunda cita, asume que ese tipo increíble con el que logró esa mágica y extraña conexión sabe tanto de mujeres que *tiene* que ser *gay*.

Pero en la realidad no es necesario ser Mel Gibson, o estar dotado con las habilidades de un vidente, para llegar a la mente de nosotras las mujeres. Si bien es cierto que *no somos iguales*, en términos generales podemos encajar en unas categorías que te harán el trabajo más sencillo. De tu interés en ahondar en el terreno más profundo de las clasificaciones más específicas, dependerá que obtengas al final la brújula certera que te hará navegar libre y sin restricciones por nuestra geografía.

La mujer Ámame: En esta categoría encajan las mujeres que no conciben el sexo sin amor, y no pueden echarse un polvo sin sentirse enamoradas, aunque sea por una sola noche. Lo que este tipo de mujer quiere es que la quieras, que la enamores y se lo hagas sentir con palabras dulces, con detallitos o regalazos, llamadas y monitoreo constantes, en especial el día después, y muchas, muchas promesas que ojalá puedas cumplir. En la cama, es bueno que lo sepas de antemano, ella jamás tendrá sexo sin el consabido preámbulo. Prefiere la penumbra a los mañaneros a plena luz del día, y también que *tú* le quites la ropa, que *tú* tomes la iniciativa, que seas siempre expresivo, que le hables, que le susurres palabritas dulces, que le des laaaargos besos, que la hagas sentir como ex virgen recién estrenada, como tu alma gemela y como la única y la última Coca Cola del desierto.

La mujer Domíname: Este tipo de mujer es la que, de forma velada o explícita, necesita un macho que la haga sentir su poder. Pero ojo, con ella no tienes que ser un tirano o un patán. Basta que seas un poquito despiadado, que la llames hoy y mañana no, que te le pierdas un viernes para reaparecer el sábado con una buena excusa, seguida de la orden: "Ponte divina que *ya* paso por ti". En la cama ella quiere ver el hombre experimentado que eres, el que se las sabe todas… y el que la hace sentir suya. Le gustan los besos franceses, las posiciones en las que tú dominas, que le arranques la ropa, alguna escenita de celos o pequeña prohibición, que la pongas a desfilar con el nuevo *negligé* que le regalaste o que le demandes que te haga un *streap tease* como el de Kim Basinger en *9 semanas y media*.

La mujer Impresióname: Esta es una chica del tipo Catherine Zeta Jones, es decir, la clase de mujer a la que le gustan los hombres que hablan con elocuencia (no los charlatanes) y están dispuestos a malcriarla, esos que además saben callar y escuchar en el momento justo. En síntesis, el hombre de mundo que ella pueda exhibir como un trofeo. Por eso, si no eres muy seguro de ti mismo, si no eres sofisticado, si no has leído poesía, si no eres un versado en cualquier cosa que no sea fútbol, si careces de agudeza mental y tampoco eres hábil con tu "verbo", mejor olvídala. Si, por el contrario, posees las anteriores cualidades, o la mayoría de ellas, sedúcela con una buena charla y en vez de caer en el lugar común de decirle que es la mujer más linda que has visto, dile que es una de las chicas más irresistibles e interesantes que has conocido. Lo que ella quiere es sentirse importante, diferente al resto, que la valores como tu igual y que, sin embargo, no te olvides de su lado sensible y tierno. Por eso, impresiónala con regalos de buen gusto, con un *picnic* en la playa y algo de misterio: sexo impredecible, tierno unas veces, salvaje otras, faenas largas cargadas de lúdica o *quickies* sustanciosos...

La mujer Cómprame: Este es el tipo de chica que capitaliza cada milímetro de su envidiable anatomía. No en balde luce esas apetecibles tetas de silicona, esas piernas torneadas de rigurosa rutina en el gimnasio, ese diseño de sonrisa deslumbrante... y hace alarde de todo el esmero que ha puesto en lucir como una *Barbie*, una cuchibarbie o una prepago estrato 20. Lo que ella quiere es mantener o superar el nivel de vida que cree que merece y quién mejor que un pobre marrano acaudalado y espléndido para cumplirle su sueño. A ella no le importa qué tan cucho, inteligente, atractivo o bueno en la cama sea su objeto de deseo, siempre y cuando asuma como una orden cualquier capricho suyo, por absurdo que parezca.

La mujer Cómeme: A esta categoría pertenece esa clase de chica a la que tres días de abstinencia le pueden dañar el genio. Este tipo de mujer está provisto de una libido animal, lo que quiere es sexo constante, y carece de sentido de selectividad a la hora de escoger pareja. Por eso, el único requisito a llenar es ser un semental lujurioso, qué importa si no eres muy brillante a la hora de expresarte o si no tienes los suficientes $$$$ para llenarla de regalos. Da lo mismo que encajes en la clasificación de heterosexual musculoso y vigoroso o, en su defecto, en la de caliente e insaciable (como ella), dispuesto a ser tiranizado como juguete sexual, o consentido como gigoló personal.

Y, sin dejar de tener esta arbitraria clasificación presente, no puedes ignorar que están las que son de todo un poco: Ámame, Domíname, Impresióname, Cómprame y Cómeme. Lo que ellas quieren es tan claro como:

–Escúchame, escúchame, escúchame con atención.
–Interésate en mí. *No* mires a las otras.
–No me hagas tener sexo cuando no tengo ganas.
–Hazme venir *todas* las veces.
–No te duermas primero.
–¿Sexo oral? Prefiero que me lo hagas.
–¿Sexo oral?... ¡Hazlo bien!
–No te demores mucho.
–No te vengas tan rápido.
–Déjame dormir, ¡por favor!
–Dime que soy divina.
–Dime que soy la mejor.
–Dime que me amas.
–Ámame, ámame.

A esa categoría, casi me olvido decirte, pertenecemos la mayoría.

Posdata: Hay que admitirlo, hay mujeres para las que el sexo no es lo más importante en la vida y bien podrían prescindir de él sin mayores traumas. Contrario a eso que las demás queremos, ellas se conforman y hasta son felices con la jardinería, el punto de cruz y los baños de agua fría.

Aprendí que...

Ser mujer es todo un rollo que ninguna mujer entiende, y mucho menos los hombres.

A la hora de repartir orgasmos con penetración fueron excluidas tres cuartas partes de las mujeres, pero todas, a la hora de fingirlos, podemos maullar como gatas en celo.

Las mujeres nos enredamos con cualquier cosa pero, sobre todo y en grado sumo, con el sexo.

El Punto G sí existe, de malas para quien no lo encuentra.

La paja no es inherente al macho, es inherente al ser humano, a los mamíferos de la creación. Hay que comenzar por entender esa premisa para que las mujeres no nos sigamos sintiendo como animales raros cuando recurrimos a la autogratificación sexual.

Las fantasías femeninas son absurdas.

La infidelidad femenina crece, es apabullante, no importa cuál sea el "móvil".

Las mujeres no sólo somos edípicas, también somos "verdes".

Las mujeres somos un enigma, pero la regla es concreta.

¿Lo que nosotras queremos? ¡No lo sabemos!

TERCERA PARTE

El sexo, una putería en pareja

Ganas...

Claudia es una incrédula con ganas de desenfreno. Piensa que a estas alturas no vale gastarle tiempo a alguien que no te hace fantasear, alguien por quien no sientes la más leve atracción física. Piensa que a estas alturas será para ella muy difícil dejarse subyugar por cualquiera. Prefiere follar y punto. Piensa que no hay quien le dé la talla. Por eso se ha citado con Arturo, porque está bueno y sabe que se tienen ganas, que todo es cuestión de echarse un polvo con él.

Se conocieron en casa de una amiga en común, cuando los dos aún tenían pareja. Por la manera de mirarla, como desnudándola, a hurtadillas de su mujer, Claudia supo que la deseaba. A ella le gustó su aspecto de hombre impecable, como recién salido de la ducha. Le gustó su piel tostada, sus ojos escrutadores y su boca sensual. Le gustó ese hombre grande que parecía despedir feromonas a su paso. Se imaginó con él en un callejón... Quién lo iba a pensar. Después de aquella noche, hubo un encuentro breve en una librería, orquestado por el destino, e intercambiaron sus números de celular. Ahora estaban allí, tomándose un trago en un bar como movida del *foreplay*.

–¿En qué piensas? –pregunta él.

–En las vueltas que da la vida.

–Lo dices porque estamos aquí.

–Exacto –musita Claudia en tono seductor.

–Bendita vida –responde Arturo con un destello de picardía en sus ojos color aceituna.

–Ni que lo digas.

–¿Cómo va todo con tu ex?

–Ya sabes cómo es el proceso.

–No, no sé. Cada caso es cada caso.

–Jodido, pero ya pasará.

–¿Te sientes jodida?

–Algo –Claudia no quiere entrar en detalles. No está dispuesta a exponer su herida. Quiere mostrarse como la mujer que siempre quiso ser.

–Las separaciones joden.

–Ajá.

–¿Qué pasó contigo? No lo entiendo, eres una mujer increíble.

–Tu ex mujer también lo es. ¿Podrías explicarme?

Un signo de interrogación mezclado con sorpresa aparece en la cara de Arturo. Claudia sabe que lo ha desarmado.

–¿Qué quieres que te explique?

–Lo que sabemos. ¿El pasto ajeno siempre es más verde?

–Tal vez.

–No vengas con esas. Cambiemos de tema.

–Y bien, ¿qué haces? Me dijiste que trabajas por tu cuenta.

–Sí, soy decoradora de interiores. Me he especializado en la decoración de hoteles.

–¿Y qué tal te va?

–No me puedo quejar. Trabajo nunca falta.

–Lo mejor es que manejas tu tiempo.

–Sí, no hay como la bendita libertad –no puede evitar un leve tono de sarcasmo.

–Es magnífica. Como tenerte aquí –replica él.

–¿Y tú? ¿cómo van tus negocios con Lorenzo?

–Bien, el tema de las exportaciones se nos está dando sin inconvenientes. Eso lo tiene contento.

–Entiendo. Le ha costado trabajo arrancar después de la quiebra.

–Sí, ha sido un momento muy difícil, pero él es un tipo muy tenaz.

–¿Crees que se levante esta vez?

–Estoy seguro que sí. De hecho, lo invité a participar en la empresa porque creo que podemos hacer bastante juntos. Lorenzo es brillante y las equivocaciones sirven.

–Me alegro por Miucia.

–¿Quién?

–Su mujer.

–¿Por qué?

–Tú sabes, las crisis económicas no son las mejores aliadas de un matrimonio.

–A veces las bonanzas tampoco lo son.

Claudia piensa que por algo lo habrá dicho. ¿Habrá sido su caso? Pero no le interesa averiguarlo. Lo único que quiere es tirarse, sin tanto rodeo, a ese ejemplar.

Apura su Margarita y con voz invitadora le dice a Arturo:

–¿Puedo pedir otro?

–Puedes pedir lo que quieras –responde enfatizando cada sílaba.

"Si supiera", piensa ella. Suelta una breve y *sexy* carcajada. Le gusta sentirse deseada. Hasta hace poco era un sentimiento desconocido para ella, como también lo es esta nueva Claudia que quiere embriagarse un poco para poder tirarse a un tipo que apenas conoce.

Siguen hablando del tiempo, del clima, del estrés, de los hijos y sus demandas. Ella degusta el coctel y escucha sin mayor interés, sólo ansiando el momento en que por fin puedan quitarse la ropa. Arturo, como adivinando sus pensamientos, le toma una mano y le frota suavemente la palma, le insinúa lo que ella sabe que él quiere. La respuesta de Claudia es una mirada intensa. De pronto lanza en voz baja, pero con naturalidad, una solicitud que lo sorprende:

–¿Me invitas ahora a un café en tu casa?

Él sonríe y pide la cuenta.

Atraviesan la puerta del bar. Él pasa un brazo alrededor de su cintura y la ayuda a salir a la calle. La noche pinta de maravilla para Claudia. Se siente poderosa y segura, sólo un poco mareada, pero en control. Ha sabido dosificar el alcohol. Él la atrae hacia sí con firmeza y la besa sin más preámbulos.

"No está mal", piensa ella.

Totalmente desinhibida, responde a la caricia con un beso de boca abierta y labios lascivos.

Ya en el carro suena música brasilera, una voz de mujer suave y embriagadora imprime la nota sensual al momento. Arturo besa su cuello con extrema sutileza y ella se eriza, empieza a sentir una excitación anticipatoria; aun así, sabe que no ha perdido la cabeza. Claudia piensa que la música brasilera siempre es la salida más fácil para cualquier hombre seductor que no sepa mucho de música. Pero no le importa. Hombres como Arturo están tan llenos de lugares comunes. De inmediato se reprende: "¡Claudia, no seas malparida!"

Sabe que esa malparidez la condujo al abismo.

Han llegado al apartamento de Arturo, un *penthouse* de lujo, grande, vistoso y pulcro, como él. Claudia se sienta en un amplísimo y bello sofá. Él le ofrece algo de beber. Ella acepta un whisky en las rocas. No hay que perder el tiempo. Arturo se sienta a su lado y con el dedo índice roza un brazo de Claudia. Se miran frente a frente, sin ningún pudor. Él prosigue, mira el escote. Ahora busca un seno. Por encima del vestido, le dibuja el pezón con la yema de los dedos.

–Tienes pechos hermosos. ¿Son de verdad?

–Soy toda de verdad –repone Claudia.

–Sabes que me embrujaste desde el primer momento. Sabes que te tengo tremendas ganas.

Claudia se siente una diosa. ¿Por qué nunca la hizo sentir así el desgraciado de Mario? "Porque eras su mujer, tarada", le responde su voz interior. "Malparida".

–¿Te puedo besar? –dice Arturo.

–Ya lo hiciste. ¿Recuerdas?

–No importa. Quiero tu venia.

"¡Vaya, esto sí que es nuevo!", piensa la sarcástica que lleva adentro.

–Por supuesto que la tienes – y tira de él suavemente, inicia la caricia.

Se besan, mucho. Se exploran. Claudia no halla la hora de seguir al próximo nivel, pero él parece no tener apuro, sigue alargando el preámbulo. "¿Acaso quieres enamorarme?", dice ella para sus adentros. "A mí no me interesa, sólo quiero tirar contigo, ¿no lo entiendes?"

Baja la mano hasta la bragueta de Arturo, quien no se percata de sus elucubraciones.

Él la deja hacer, permite que ella juegue con su miembro, siente que crece y se tensa. Le gusta la intrepidez de esta mujer.

Ahora la despoja con destreza de su vestido. Es un vestido hecho para desnudar. Queda a merced de él, con un juego de ropa interior irresistible que lo enardece aún más.

La lleva hasta su habitación. Es suntuosa, tiene una cama monumental, tal vez demasiado grande para el gusto de Claudia. La posa sobre ella y la acaricia toda. Con habilidad, le desabrocha el *brassier*. Claudia tiembla un poco. Él le besa la boca, los senos, la boca otra vez. Mete la mano en los pantis y siente su vulva mojada. Ella no se resiste. Le quita el pantalón, la camisa, toma su pene y lo acaricia con pericia. Él está listo. Le quita las bragas y observa su pubis glamorosamente depilado. Ella es más de lo que imaginó. Avanza y le abre las piernas. Empieza a aproximarse hasta "allí".

Ella lo siente caliente, casi dentro suyo, y le pide que por favor utilice un preservativo. Él saca uno de la mesa de noche y se lo pone con destreza.

Este interludio no ha sido bueno para Claudia. De repente cae en la cuenta de lo que está haciendo, de lo que está próxima a cometer. Una súbita tristeza la invade. "¿Qué espera este tipo de mí? No quiero que quiera nada de mí".

Él empieza a acercársele de nuevo. Ella trata de dejarse llevar, de aniquilar sus pensamientos, pero algo se ha quebrado adentro. Se siente lejos y fría como un témpano. Arturo no lo nota, cree que puede avanzar por fin y empieza a penetrarla. Ella trata de responderle, se mueve un poco, pero algo anda mal. Todo le da vueltas, se siente mareada y con ganas de salir corriendo. Lo separa de manera intempestiva.

–No.

Él, confundido, intenta someterla con suavidad. Trata de convencerla con gestos amables.

–¡No! –Claudia lo separa con brusquedad.

–¿Qué te pasa, muñeca? ¿Qué es?

Ella lo mira con un aire indescifrable y piensa en lo ridículo que se ve con su erección frustrada. "Soy una malparida", piensa.

–Perdóname, Arturo. No puedo.

Él mete su cabeza entre las manos, casi como un avestruz en la tierra. Se frota las sienes, como tratando de pensar con más claridad. Hasta que logra calmarse. Entonces, se levanta.

–¿Quieres tomarte algo? ¿Quieres que vayamos más despacio? ¿Quieres que ponga música? No sé…

Claudia empieza a negar con la cabeza y a sollozar sin control.

Él la acerca hasta su pecho y piensa: "¡Qué jodida estás!"

Ella deja de llorar, aprecia el gesto de Arturo, pero se cierra, quiere huir de allí cuanto antes. Siente una vergüenza insoportable con él, pero sobre todo consigo misma.

–Pensé que estaba lista –repone, tratando de disculparse.

–No hay problema –dice él.

Claudia quisiera explicarle que las mujeres como ella no son lo que aparentan. Que no puede tirarse a un tipo así como así por más ganas que tenga de hacerlo. Que a mujeres como ella, les toma su tiempo putearse. Pero calla y, en cambio, le dice:

–¿Puedes llamarme un taxi, por favor?

El sumo placer de la monogamia

Todas las personas mínimamente inteligentes son monógamas,
monógamas sucesivas
Rosa Montero

Es innegable: la palabra sexo es capaz de despertar en nosotros mil pensamientos y emociones distintas, un sinfín de cosas locas, todo, menos lo que se identifique con monogamia.

La razón es que el sexo, tal vez por ser privado, misterioso, placentero y prohibido, se asocia, casi de manera natural, con fantasías y aberraciones, cuya materialización sólo parece posible en un contexto de total libertinaje. Pero, ¿acaso no está implícita en el comportamiento promiscuo una búsqueda obsesiva del otro, de ese ser con el que por fin podamos encajar pieza por pieza?

Mi experiencia con más de un mujeriego empedernido me ha llevado a concluir que todos, en especial los más putos, lo que quieren es lograr esa conexión increíble e inigualable con una mujer que les haga sentar cabeza, aunque esa búsqueda les tome toda la vida. Hasta el más perro de los tipos y la más casquivana de las viejas en un momento de la vida han experimentado o experimentarán, aunque sea de manera fugaz, el sumo placer de la monogamia.

En mi caso, ¿cómo negarlo?, pese a que fantaseo, sueño y suspiro por un típico macho alfa de película, o por cualquier muñeco treintañero que me haga voltear la cabeza, debo admitir que la monogamia ha sido una constante en mi vida. Es algo inherente a mi naturaleza, contra lo que no he podido pelear. Y, dada mi condición de "perra fiel", no me queda otra que rendir un sincero tributo a ese estado de voluntaria fidelidad que, en sí mismo, encierra un encanto único.

A quienes ven la monogamia como un estado de predecible aburrimiento, como un espacio donde no hay lugar para sorpresas o como una misión imposible, quiero decirles que la monogamia es posible, no importa cuánto dure. Porque el ser monógamo por elección obedece, o debe obedecer, al hecho de contar con la suerte de haber hallado, por fin, a ese ser con el que se encaja pieza por pieza. En términos más explícitos, ser monógamos implica desde encontrar en el sexo la justa proporción y medida (la afinidad en tamaño, volumen, textura, ritmo, preferencias y frecuencia), hasta lograr con ese otro que tanto te gusta acariciar, lamer, besuquear, mordisquear, chupar, degustar, oler, poseer... un nivel de comunicación que supera las palabras.

El ser monógamo se asimila a cosas tan maravillosas como el sentirte enteramente cómodo con el otro. En el terreno sexual, esa comodidad se expresa en una aceptación total de tu cuerpo tal como es y a pesar de... Más aún, tu cuerpo resulta para él su instrumento de placer, tanto como para ti resulta ser el suyo. Los dos sacan el máximo provecho con absoluta reciprocidad. Qué importa si tus tetas ya no están tan erguidas como las de una quinceañera, si tu culo no está tan firme como hace un par de años. Qué más da si la forma o el tamaño de tu pene, para el común (no para tu pareja), no cumple, o quizá excede, los cánones establecidos.

La monogamia cuando es auténtica, honesta y, en especial, placentera, te conduce irrevocablemente a vivir una verdadera comunión con otro ser. Se traduce en sincronía, en complicidad... y en una sana tranquilidad que te sitúa en una zona de comodidad que nada tiene que ver con la desidia, sino con la certeza de saber que puedes ser tú en todo momento, blindado y exento de juegos de poder, de manipulaciones y estrategias tan desgastadas y desgastantes como fingir orgasmos, tener que hacer maromas en la cama, permitir que te penetren (o penetrar) por donde no te gusta, soportar faenas infinitas u obligarte a practicar posiciones estrambóticas, cuando en realidad lo que quieres es un polvo básico y sosegado... o, tal vez, no hacerlo esta noche y disfrutar de un entrepierne.

La monogamia también tiene la cualidad de situarte en el extremo de compartir con tu pareja, por consenso automático, lo que ambos consideran desquiciado y oscuro del sexo: tal vez hacerlo en lugares públicos, usar fetiches y juguetes exóticos, caer en la dramatización o en lo ilícito…

Por todo ello, la monogamia como opción de vida, te garantiza el sumo placer de despertar cada mañana al lado de alguien "de sobra" conocido, quien, por cierto, te interpreta y te traduce mejor que nadie; alguien que conoce el mapa de tu anatomía al dedillo, el peso exacto que tiene tu cuerpo sobre el suyo y, viceversa, y también sabe el efecto que su piel produce en tu piel.

En síntesis: monógamo que se respete, siempre sabrá que el sumo placer de la monogamia radica en el milagro de proyectarte en el otro como en un espejo, con la convicción de que cada movida será acertada.

Tregua

Él se estremece, parece sucumbir en un jadeo ahogado, justo antes de que el éxtasis de ella pudiera desplegarse… por una diferencia de segundos el placer se ha esfumado, como mariposa que repliega sus alas y cae en picada.

–Ahora me debes uno –le dice ella.

Y los dos ríen. Ríen casi hasta doler. Ella, con todo su peso encima, con su humedad invadiéndola, con esa parte de él que se encoje dentro de su ser con pena y sin remedio, pero tan anhelante de complacerla como una promesa irrevocable. Está completa.

–Te debo uno –admite él.

La cuenta, para ella, ya está saldada.

Cuando no me tocas

I can feel the distance getting close
You're right next to me. But I need an airplane
I can feel the distance as you breathe
Sometimes I think you want me to touch you
How can I, when you build a great wall around you
Tori Amos

De no haber escuchado *China*, la canción de Tori Amos que invariablemente despierta en mí una abrumadora sensación de tristeza, y de no haber sido cercana a alguien tan atractiva y, sin embargo, tan desgraciada como Silvia (nombre ficticio de la amiga de cuerpo escultural a quien el marido no se dignaba a tocar), no se me hubiera ocurrido escribir sobre el rechazo sexual. Se trata de un tema, para mí sorpresa, más común de lo que el común de las personas está dispuesto a admitir.

Esto lo atribuyo a que padecer esa clase de soledad constituye una humillación tan mayúscula, que quien la sufre, en especial si es la mujer, no es capaz de confesar su pena ni a su propia sombra.

¿Cómo hacerlo frente al mundo?, ¿cómo soltar en tu pequeño círculo (ese en el que no falta quien se ufane de haberse echado cinco polvos la noche anterior, aunque sea mentira, o de confesarse presa del más delicioso encoñe) la "bomba" de que a tu pareja no le inspiras ni un mal pensamiento, que eres invisible, inexistente en el plano íntimo y que, preciso por eso, desde hace una eternidad no te da ni la hora?

Para quien no ha vivido el rechazo sexual, para quien no ha caminado en los zapatos que de manera irremediable conducen a la senda del abandono, tal vez resulte incomprensible el grado de frustración que puede experimentar alguien que se siente ignorado.

La convivencia con el otro se erige en tortura cuando, ante la iniciativa de un roce, una caricia, un encuentro cuerpo a cuerpo, traducido en el sexo como la materialización del amor y de la aceptación total, no se halla la más mínima respuesta o señal.

Lo particular del asunto, es que esa suerte de aversión silenciosa, se trate de una cuestión unilateral o de un sentimiento recíproco, es el secreto mejor guardado de parejas disfuncionales que, de cara al mundo, manejan la más cordial de las relaciones, mientras en la intimidad se detestan o, en el más triste de los casos, uno de los dos desespera ante la insoportable espera.

¿Es el preámbulo inequívoco de los rompimientos contundentes, de los divorcios y rupturas ineludibles? Si así fuera, no habría más qué decir. El rechazo sexual y la inapetencia de la pareja es el signo más elocuente del desamor.

Pero los seres humanos nos acostumbramos a situaciones tan aberrantes, como seguir en relaciones patológicas, a costa de mantener el *status* de pareja estable que tanto conviene venderle a la sociedad. Ejemplo: el matrimonio "perfecto" que no se toca y a pesar de eso se mantiene en pie; el marido amable que jamás te mira ni te agarra el culo, pero al que no te atreves a confrontar.

Es claro que la indiferencia, cuando involucra el rechazo sexual, puede ser en esencia un juego de poder que deja seriamente lesionada la autoestima de la mujer. Para el hombre lo natural, cuando lo ningunean, es recurrir a la actitud de "si no me lo das me busco otra". Lo que, traducido a un nivel más subliminal, quiere decir: "Si ya no te gusto ni te provoco deseos, seguro que a otra sí; porque aquí la del problema eres tú… por frígida, por manipuladora, por mal polvo…". Para nosotras las mujeres, a quienes de forma tajante se nos ha inculcado que nuestro atractivo y lo que despertamos en el hombre está ligado en esencia a nuestros atributos físicos, el hecho de sentirnos ignoradas en el plano sexual constituye razón suficiente para dudar de todo lo que somos. Frente a una situación de abandono o desprecio sexual nos sentimos como parias, seres abominables. Surge la convicción de que "si no me miras, si no me tocas, si no te provoco, es porque hay algo malo en mí", o peor que eso: "si tú no me quieres, nadie más me va a querer", con sus inacabables etcéteras.

Esta actitud derrotista, que bien podría tipificarse como síndrome de inseguridad femenina, es algo a lo que no escapan ni las chicas 10, ni siquiera aquellas que, gracias a sus atributos físicos, han logrado posicionarse en las altas esferas como "damas de compañía" o putas finas. *The Girlfriend Experience* (*Confesiones de una prostituta*, por su título en español), la película de Steven Soderbergh, además de documentar distintos aspectos de la vida de una prostituta del *jet set* neoyorkino, muestra cómo la autoconfianza de Chelsea, interpretada por la actriz de cine para adultos Sasha Grey, se tambalea tras descubrir que uno de sus clientes asiduos la ha reemplazado por otra.

La historia de Chelsea ilustra la forma como la indiferencia sistemática de la pareja, en el contexto íntimo, se asimila como el más cruel de los castigos. Cruel, porque fuera de convertirse en la más agresiva de las agresiones pasivas, es una afrenta silenciosa, pero contundente, al amor propio. Tiene el poder de consumir tu autoestima y sellar tus labios frente a la indignación que para alguien sensato implicaría hacer un reclamo abierto, gritar a voz en cuello "¿Por qué ya no me haces el amor?", "¿Por qué desde hace un año, 32 días y siete horas no me tocas?", "¿Por qué no te has dado cuenta de que bajé una talla, compré todo un ajuar de actriz porno y me hice el puto brasilero para seducirte?"

Pero la sensatez es mucho más que morderse la lengua y aguantarse. Sensatez es hablar de lo que no confiesas ni ante ti misma y confrontarlo. Es admitir que si tu pareja no te toca es porque:

–Sufre algún tipo de patología, disfunción física o psicológica que no ha querido confesar.

–Tiene otra u otro.

–Ya no te ama… o

–Tienes que ponerte las pilas en la cama, esmerarte en leer y practicar las 64 artes del Kama Sutra.

Pero, fuera de las razones que se tengan para ignorar a la pareja, hay que romper con los gastados paradigmas de creer que el valor de la mujer reside en su vagina y que lo que te hace apetecible, deseable y "comestible" es, por encima de todo, un culo firme y un buen par de tetas. Las mejores amantes no necesariamente son modelos de revista y, en el mundo real, para todos hay.

El mañanero, prodigioso placer

It's a beautiful day, the sky falls
And you feel like it's a beautiful day
It's a beautiful day
Don't let it get away
U2

Dicen que la mejor manera de empezar el día, fuera de escuchar *El man está vivo*[5], rezar el rosario, encomendarse a los ángeles y a la Virgen, meditar, ir a clase de yoga, a misa de siete, entrenar o caminar por el parque a primera hora es... echar un buen polvo. Estoy de acuerdo.

Aclaro que no pretendo ser sarcástica con esto de equiparar el sexo con los aspectos espirituales sin los cuales la humanidad andaría sin brújula. Para nada. Es un hecho cierto que la práctica de esos hábitos sagrados tiene la facultad de hacernos la cotidianidad y sus cargas mucho más livianas. Pero yéndonos al ámbito de lo eminentemente terreno, un polvo, un buen polvo extraviado en la persistente modorra que precede al odioso instante en que el sonido de la alarma irrumpe para sabotear nuestro descanso, o quizá justo en el momento en que ésta hace su llamado inmisericorde al deber, es de los sumos placeres de este mundo. Por eso la bien ganada fama del mañanero.

Tan maravilloso es, para quienes tienen la dicha de contar en cada madrugada con un amante dispuesto y al alcance de la mano, de una sobada, de una recostada... que es imposible renunciar a la idea de hacerle un sincero homenaje al mejor polvo de todos, en lo que a alternativas horarias se refiere.

¿Y cómo no rendirle culto al mañanero? Si gracias a sus beneficios podemos afrontar la rutina con el brío que requiere cumplir con las exigencias de la vida de hoy y asumir el sexo como una herramienta que le añade a ciertos días su sal y su pimienta, su mágico efecto. Porque un buen mañanero trasciende el mero hecho de existir para *vivir* en plenitud, a través del maravilloso vehículo de la piel.

Un buen mañanero surge de la más básica espontaneidad. Tiene, además, la cualidad de elevar nuestra energía a otro nivel. Por lo tanto, darle la prioridad a ese primer impulso hormonal te ahorra un buen número de polvos sosos, insípidos, esos que te impones echar en la noche, cuando tu cuerpo, después de las forzadas y extenuantes obligaciones del día a día, no da más y, aun así, tienes que hacer la tarea de "mantenimiento" y proporcionarle a tu pareja un instante de mediocre alivio.

Como todo lo que en la vida encarna placer, por ser el polvo más prometedor por excelencia, y requerir de poco esfuerzo: sólo rápidos y certeros preliminares para garantizar un éxtasis singular, el mañanero tiene su propia ética. Se traduce en acertadas jugadas que te permitirán cerrar, con broche de oro, ese breve capítulo de la intimidad.

Aunque el detonante del mañanero sea un leve roce aquí o allá, aunque la disposición sea la mejor, las buenas intenciones pueden irse al traste. Bastan un pelito de más o un vaho sutilmente desagradable para aniquilar la libido.

Como devota confesa de esa gratificante práctica, te propongo entonces algunas movidas "antes de", lo que implica prepararse desde la noche anterior. Qué le vamos a hacer, todo lo bueno de este mundo conlleva su cuota de previsión, su ritual y "sacrificio". Aquí mis sugerencias:

–Aféitate, dúchate, perfúmate antes de dormir, de manera que el sentir tu cuerpo pulcro y a punto para ese rapidito tempranero te proporcione la confianza para darle alas a tu deseo.

–Dile adiós al pijama o despójate de esa prenda en cualquier momento de la noche, en todo caso, antes de oficialmente abrir los ojos.

–Ten preparado tu *kit* personal justo allí, en tu mesa de noche: lubricante, papel *toilette*, preservativos, algún aceitico aromatizado y hasta un *spray* bucal. Esas cosas juntas o cualquiera de ellas, harán una significativa diferencia.

–Si eres trabajador independiente, ejecutivo(a) de alto nivel, si no tienes que preparar a los niños para irse al colegio o si cualquier mañana puedes sencillamente liberarte de esa responsabilidad y darte el lujo de llegar al trabajo con una media hora de retraso, prolonga tu faena con algunos adicionales, como música de Fiona Apple, de Marvin Gaye o con alguna velita perfumada cuyo aroma contribuya a transportarte al paraíso.

–Así como preparas tu cuerpo para el mañanero, prepara el escenario: arregla tu cama y vístela con sábanas suaves y pulcras. No existirá lugar más delicioso para encender motores.

–Si detestas hacerte el mudo o la muda y no quieres renunciar a las delicias del beso francés a causa del aliento mañanero, haz un esfuerzo extra y antes de pensar en avanzar y tomar posesión de quien duerme a tu lado, cepíllate los dientes y deja tu boca lista para dar y recibir placer supremo.

–Si no tienes tiempo para el mañanero y quieres empezar el día con la promesa de un "continuará"... anímate a practicarle a tu pareja un esmerado *blow job*. Esa sensación de ardoroso deseo anticipatorio, perdurará todo el día en su mente, en donde no habrá comité, reunión, ni compromiso que te borre.

Por último, un mañanero en domingo, cuando las horas bajas parecen extenderse con particular benevolencia, es para mí el polvo institucional, el bono extra, el premio mayor y, por cierto, el mejor recurso para darle jaque mate, aunque sólo sea en ese interludio de besos y caricias, a toda pena, mortificación, preocupación o amago de tedio que haya insistido en perdurar más allá de tu semana.

La inevitable paradoja

Never as good as the first time
Sade

Alguna vez escuché que el matrimonio (en cuyo *status* incluyo las relaciones de pareja estables con un buen número de días tediosos a cuestas) es un círculo al que desean entrar quienes están por fuera y del que quieren salir quienes están adentro.

Al principio rechacé esa idea. Pero, luego de analizarla con mente abierta y de trasladarla al terreno sexual, me resultó real. Si dejamos de lado toda la parafernalia que los seres humanos hemos montado alrededor de un acto tan primitivo como copular, nos daremos cuenta de que los polvos, a excepción de los primeros, en esencia, son todos lo mismo.

Si hablamos con total honestidad, tendremos que reconocer que el sexo es un acto predecible. Salvo cuando hay cambios de escenario o se incluye alguna práctica exótica (se trate de probar un vibrador monumental o de invitar a un tercer actor a entrar en “escena”), el sexo suele ser mecánico y requiere una buena dosis de expectativa para ser mágico. En las parejas con historia, la magia requiere un esfuerzo extra, basado en el genuino interés de hacer de la relación algo perdurable, donde el afecto y la inventiva vayan de la mano.

Nada se equipara a la magia de descubrir un nuevo cuerpo, una nueva profundidad, un nuevo volumen, un nuevo olor, una nueva manera de entrar en acción y de concluirla... Qué importa si la actuación en verdad resultó floja, si el tamaño y la textura no fueron los esperados, si uno de los dos terminó demasiado pronto o reveló algo de torpeza. La fugaz indulgencia a que nos convocan los estrenos sólo tiene cabida allí, en esos primeros encuentros, donde, sin embargo, la regla tácita es esmerarse a fin de dejar en el otro la mejor impresión. Y, con base en esa gran expectativa, te esmeras: te haces el brasilero o en su defecto afeitas tu zona V, te exfolias la piel, te perfumas en los sitios más inusitados, luces tu mejor atuendo íntimo y hasta te animas a proporcionar un sexo oral de lujo.

Lo opuesto es el coito del día a día con ese alguien con quien compartes tu vida, cuya condición de amante exclusivo, privilegiado, corre el riesgo de quedar relegada a un segundo plano. Primero están las cuentas por pagar, los compromisos sociales, los hijos, las reuniones de trabajo, los sacrificios que haces para obtener el éxito... La rutina se apropia de cada espacio y nos hace sucumbir a su poder de una manera silenciosa e implacable, nos sume en el importaculismo de fornicar si se puede, en la comodidad mal entendida de ser malos polvos debido a la filosofía del menor esfuerzo. Entonces miramos el sexo como una obligación más y hacemos rapidito la "tarea" para salir del paso y empezamos otra jornada cargada de responsabilidades con la tranquilidad del deber cumplido (aunque sea en forma mediocre).

En el peor de los casos, esta situación desencadena en la falta de ganas, en posponer indefinidamente el momento porque tú, tu pareja o los dos, han tenido que enfocarse en cosas "más importantes" y al final del día no cuentan con la energía necesaria para ser creativos y mantener un sexo de calidad. De manera que, con ese viejo conocido, quedamos afincados en nuestra zona de *confort*, lo que invariablemente se traduce, o más bien induce, a claudicar en vez de persistir.

De ahí la paradoja de muchas mujeres separadas. Cuando estaban en el círculo del matrimonio solían llenarse de excusas para evitar un encuentro íntimo y, una vez están fuera del mismo, proclaman casi que a los cuatro vientos que están experimentando los mejores polvos y orgasmos de su vida. También es paradójica la soltera insaciable, quien no duda en afirmar que, de tener marido al lado, no dudaría en hacerlo todos los días a toda hora y en todo lugar.

De modo que ante la inapetencia sexual de los unos y la hambruna lujuriosa de los otros, es hasta cierto punto comprensible que los casados, en especial ellas, se aburran del sexo mientras los solteros anhelen recrearlo a la manera de la incestuosa pareja de *El Hotel New Hampshire*, la novela de John Irving. Un deseo obsesivo e irrefrenable conduce a John y a Franny a encerrarse por horas en una habitación para hacer el amor una y otra vez hasta el hastío, para así, de forma contundente, saciar esa pasión que los consume. Vivir entre sequías (propias del estado de abstinencia identificado como verano) y encuentros tormentosos puede ser la constante intermitencia en la realidad de aquellos que están por fuera del complejo círculo de la pareja estable.

Lástima que en nuestra limitada condición de humanos siempre insatisfechos no sepamos valorar esa relación en que la sincronía sexual ganada a lo largo del tiempo, y pocas veces alterada, es sinónimo de una compenetración total y, por cierto, el *plus* invaluable del que gozan las parejas estables.

Hablando en términos metafóricos, tanto para quienes están dentro del círculo, como para quienes están por fuera de él, el hecho de que el "pasto" del vecino luzca más verde no necesariamente significa que sea mejor, a menos que esa suerte de espejismo que nos seduce a la distancia sea producto del cuidado que su "dueño" ha puesto en cultivarlo.

Tarde

Él ha salido, como impelido por una voluntad superior, para traerle a ella el café con crema que tanto le gusta. No ha dudado en ir a toda carrera hasta la pastelería que queda a unos cuantos bloques. Piensa que su apuro surtirá un efecto mágico para prolongar los escasos minutos que restan al instante del cierre.

Se ha lanzado a la calle así, ataviado con un gabán sobre el pantalón del pijama que le proporciona un aire de desaliño y parece restaurar en él esa aura desvalida que a ella tanto le enterneció alguna vez. Se ha apresurado sin el menor miramiento a satisfacer el antojo de su mujer, como quien se propone coronar una gran hazaña con la humildad de no hacer notar el esfuerzo que le ha demandado: lanzarse a la noche fría y abandonar aunque sea momentáneamente su preciada comodidad, sólo para saciar un capricho infantil; pero, por encima de todo, para mostrarle a ella lo mucho que le importa.

Ella capta el mensaje cifrado y lo valora. Es consciente de lo mucho que a él le ha costado llegar hasta allí, hasta ese punto preciso, tan en contravía de lo que él siempre ha sido y es en esencia. Sólo que cualquier gesto altruista, cualquier sacrificio o prueba de incondicionalidad, por insignificante o monumental que resulte, carece del peso que adquiere cada acto cuando el amor es nuevo y sin mácula. O mejor aún: cuando el amor es una historia pulcra escrita con esmero en una caligrafía impecable y sin borrones. El amor así es tan mágico como ver, en el desaliño que le imprime a tu hombre su viejo pantalón de pijama, un signo de adorable vulnerabilidad.

Por eso siente una saudade indescriptible por el ayer perdido. Pero, más que eso, siente indignación por lo irreparable, por ser tan condenadamente implacable pese a los intentos de enmienda, torpes intentos de hacer borrón y cuenta nueva, porque la página nunca vuelve a estar en blanco.

Sexo de reconciliación

Aquí los pájaros no cantan ni los árboles dan fruto.
Todas las puertas están cerradas,
pero adentro no hay nadie
Efraím Medina

Es indudable el impacto que una pelea de pareja tiene en nuestra vida íntima. Se trate de replantear un estado de cosas o de exacerbar el deseo, una disputa entre amantes es la brújula que marcará el camino a seguir, dado el sinnúmero de emociones que suscita.

¿Acaso no has experimentado un deseo renovado e inusitado por tu pareja después de un agrio cruce de palabras? ¿Has sentido cómo la frustración y rabia productos de tu ego herido a menudo se confunden con una calentura atípica traducida en el anhelo de un encuentro cuerpo a cuerpo con tu adorado tormento?

Si bien la sola idea de pensar que una buena pelea puede ser el preámbulo de un gran polvo parece descabellada, es un hecho cierto que para muchos hacer las paces en la cama es más efectivo que recurrir a argumentos conciliatorios o poner en práctica técnicas de negociación.

Aunque la idea de verte entre sábanas con quien te acabas de gritar suene absurda, la cama puede verse como un campo de guerra y paz mucho más excitante, un escenario en el que lo salvaje adquiere connotaciones más gratificantes. Es preferible a darle vueltas y vueltas a un conflicto, tratando de encontrarle una salida diplomática. De ahí que el sexo de reconciliación esté plenamente tipificado en el argot erótico y que cada vez con más frecuencia sea utilizado por las parejas para añadir esa chispa que reaviva la llama de la pasión. Pero *¡cuidado!*

Abundan los que no pierden la ocasión de pelearse para luego irse a la cama a reconciliarse, como si nada hubiera pasado. Lo que es más grave, hay quienes hacen una tregua entre sábanas para inmediatamente retomar el conflicto y seguir "de quiebre", delegando así en su pene o en su vagina toda la responsabilidad de una disculpa. Pero esa costumbre, en apariencia excitante, no puede tildarse de saludable.

A modo de ejemplo, traigo a colación la experiencia de un viejo jefe. Por alguna razón extraña, me hacía confidencias sobre su larga vida de casado. Según él, como su mujer sospechaba que él tenía amantes, la mejor manera de contentarla era poniéndola a hablar con el "abogado" (su pene). Así, mediante el sexo, creía solucionar la situación y "todos contentos".

Lo que no entendía ese machista ancestral es que las cosas no suelen ser tan sencillas y que si bien su mujer accedía a ser "asaltada" sexualmente cada vez que la engañaba, en el fondo de su corazón bullía un resentimiento añejo y amargo. Ese sentimiento de hostilidad la inducía a gastar sin piedad, en absurdos caprichos. De esa forma lo obligaba a "pagar" las ofensas sufridas.

El sexo de reconciliación cada día adquiere más adeptos. Debe ser porque la ira, como emoción ligada a la agresividad, es el detonante de una descarga de testosterona capaz de subirnos la calentura. Pero, más allá de eso, no es coherente con su fin último: hacer las paces.

Sin embargo, en algunos casos, el sexo de reconciliación sirve...

–Para tener faenas explosivas, salvajes y orgasmos soñados. Pero si no cuentas con el respeto genuino de tu pareja, más allá de ese instante, llevas *todas* las de perder.

–Sirve para confirmar que todavía hay química, un ingrediente que es definitivo a la hora de tasar la relación de pareja. Pero no garantiza que haya amor. Puede haber sexo sin amor, pero nunca, amor sin sexo.

–Sirve para entender que, aunque el sexo no es lo más importante en una relación de pareja, el que las cosas no funcionen en ese nivel, o que las cosas *unicamente* funcionen en ese nivel, debe ser motivo serio de preocupación.

–Si bien una buena pelea puede terminar entre sábanas, es innegable que la falta de respeto y los abusos sistemáticos aniquilan la libido. La mayoría de mujeres con buena autoestima puteamos de dientes para adentro al marido, al novio, al tinieblo... y sentimos ganas literales de matarlo si éste siquiera se atreve a insinuar echar un polvito después de un altercado.

–El sexo de reconciliación es una farsa cuando no encaramos el problema de fondo.

–Antes que dejarnos llevar por el deseo que nos impulsa a un encuentro cercano, hay que crear la situación propicia para el diálogo, para el abrazo y el polvo amoroso, que es producto de un mea culpa sincero. Dilatar las explicaciones o la disculpa sólo agranda el problema.

–El sexo no puede ser utilizado como un arma de poder o de venganza. Eso de "cortarle los servicios" al otro para castigarlo o, en su defecto, obligarlo a tener una relación íntima, a pesar de... es una conducta cobarde e inadmisible. Donde no hay juego limpio no puede haber una relación madura.

–Si la idea de entrepiernarte con tu pareja después de una gran pelea es muy poderosa, detente un momento. Más bien piensa en el vacío que sentirás cuando aterrices de tu fugaz viaje intergaláctico. No sea que a fuerza de darle gusto a tu cuerpo empeñes tu dignidad.

En conclusión: ¿fornicar o no? Sería la pregunta cuando de reconciliación se trata. ¿La respuesta? Un polvo SIRVE siempre y cuando conlleve una decisión sensata que no te deje mal parado(a). El sexo, por endemoniadamente delicioso y adictivo que resulte, jamás sanará las heridas de un corazón quebrantado.

Antídoto contra la rutina

Yo no estaba contra el matrimonio. De hecho creía en él... pero ¿qué entonces de las cosas que echabas en falta y que al cabo del tiempo el matrimonio no hacía mucho para aliviar?
...Toda la tontería romántica que añorabas con la mitad de tu corazón y de la que te burlabas ásperamente con la otra mitad
Erica Jong

Los compliques del sexo se resumen en un solo interrogante: ¿Cómo no caer en la rutina? En otras palabras, ¿cómo lograr que ese acto básico se transforme en un encuentro mágico y delicioso?

Lo ideal sería ser hechizada, la bruja encantadora del programa de tv gringo de los años 70, *Bewitched*, y poder transformarse con una varita mágica en las distintas mujeres que todo hombre desea meter en la cama. Así no tocaría reinventarnos todo el tiempo a punta de exprimir nuestra creatividad. Lo perfecto sería anular, con una movida de nariz, (como lo hacía Samantha en el programa), esos defectos en ellos que tanto nos sacan de quicio y obran como mata pasión. Pero no se puede.

A partir del deseo de hacer del sexo una experiencia siempre memorable, el ser humano define su postura frente a la intimidad y emprende una búsqueda, a veces tortuosa, de su ideal del placer carnal.

En nuestro afán de no caer en lo predecible y aburrido, y de devolverle a nuestra vida el color que aporta una nueva ilusión, esa sensación de mariposas en el estómago que no sentimos hace como un siglo, muchos de nosotros optamos por cambiar constantemente de pareja. Nos embarcamos en el viaje de hacer de nuestro cuerpo un vehículo experimental que bien puede conducirnos a la autodestrucción. En otros casos, nos conformamos con incluir el sexo monógamo y estable dentro de esos actos cotidianos que realizamos como autómatas, sin esmerarnos por darle el sabor, el cuidado e interés que merece y requiere. Así nos cerramos a la posibilidad de hallar en el sexo una fuente de comunión, de alegría y disfrute con el otro y caemos en la apatía.

Entonces te preguntas por qué a los 20 te parecía que no existía nada mejor en el mundo que tirar, y no veías la hora de encontrar un callejón oscuro apto para el amacice y el rapidito a hurtadillas, mientras ahora, a los 30, a los 40 o más, la sola idea te da pereza. Le echas la culpa a las hormonas, a la menopausia, a la resequedad vaginal, al marido mal polvo, al amante insensible, a la oficina, al jefe insufrible, a los niños que no te dan tregua, a tu demandante vida social, al sobrepeso y la celulitis que tanto te bajan la nota, al existencialismo malparido de la mediana edad, que es cualquier edad... La lista es interminable.

La respuesta llana quizá sea que, en efecto, te da pereza el acto de copular. La razón es que el hombre con quien compartes tu vida y tu cama ya no despierta en ti la más mínima curiosidad. Sabes de memoria cada movida del *foreplay* y hasta el tiempo exacto, la posición precisa que le hará venirse.

La curiosidad y la incertidumbre son los detonadores de ese interés que indefectiblemente aviva la llama. La paradoja es que, a determinada altura del "partido", con muchos polvos fofos a cuestas e infinidad de pedos en tu patrimonio conyugal, reinventar lo consumado e interesarte nuevamente en ese viejo conocido que respira a tu lado es casi misión imposible.

La noticia esperanzadora es que todo es cuestión de actitud. Los sexólogos expertos y las amigas experimentadas contribuyen con consejos sobre cambios de escenarios y de posturas, proponen *makeovers* y sorpresas para cautivar y reconquistar al otro. Pero para mí lo que en definitiva hace una diferencia en la vida de cualquier pareja abrumada por la cotidianidad es poner otro rollo a rodar en el coco.

¿Cómo hacerlo? No dando por sentado que a ese antiguo conocido lo conoces al dedillo. En especial, si partimos del hecho de que somos seres cambiantes y en permanente evolución y a los 30 no nos gusta o emociona aquello que nos encendía a los

20, o viceversa. Te sorprendería descubrir, si te decidieras a intentarlo, que tu pareja ya no es la misma de hace diez años, seis meses o una semana atrás. Al igual que tú, tu pareja ha afrontado el paso del tiempo con una mirada insospechada para ti.

Yo misma me sorprendo frente a lo que, en esta etapa de mi vida, me suscita el sexo, la forma en que ahora disfruto de manera decantada cada avance, cada caricia, cada beso. Hoy es otra la manera en que mis orgasmos se expresan. Me conozco mejor y soy consecuente con el dictamen de mis hormonas, sigo los vaivenes del deseo que algunas veces se escabulle como un animal que se niega a ser domesticado, y otras veces irrumpe decidido e impetuoso. En consecuencia, para mí es toda una revelación todo este nuevo cúmulo de sensaciones y siento que vale la pena compartirlas con quien, gracias a la vida, no cree conocerme al dedillo.

Hago un paréntesis, en modo infidencia. Hace poco caí en cuenta de lo mucho que han cambiado mis gustos y opiniones. La música que hoy disfruto es diferente a la de antes. Opiniones, posturas políticas, formas de ver la vida que antes deploraba, ahora no me son del todo desagradables. Lo sorprendente es que fue mi compañero de largo tiempo quien me lo hizo notar. En ese momento, conectada con la poesía sin artificios de las relaciones de vieja data, valoré sus silencios (esos que justamente tanto me exasperaban) y, más que eso, los interpreté no como un rechazo suyo al diálogo y la intimidad, sino como una especie de tributo a mi humanidad. Ahora sus silencios los veía como un análisis benevolente de mi ser, por alguien que pese al tiempo compartido, no había perdido el interés en descifrarme y redescubrirme cada día en cada pequeño acto.

En reciprocidad, debo confesar que desde entonces trato, insisto en ver a mi "viejo" amor con ojos de poesía y mucho sentido del humor. Aprecio lo mucho que su presencia silenciosa aporta a mi vida. La música que escucha día a día, con fascinante obsesión, se ha convertido en nuestra banda sonora. Me esmero en redescubrirlo, apreciarlo y conquistarlo, no con el atuendo de dominatriz o de enfermera que probablemente para ti constituya la manera perfecta para liar a tu hombre y mantenerlo pegado a ti como perrito faldero. Cada cual con su táctica y estrategia. Más bien lo hago con la mente abierta de quien está dispuesto a sorprenderse y a volver a enamorarse otra vez del mismo y viejo amor.

No en vano con un viejo amor:

–Has construido una larga historia, sólo de los dos.

–Parafraseando a Benedetti, tienes un *stock* de miradas y no se venden simulacros.

–Tienes un lenguaje cifrado producto de haber atesorado bromas, secretos, complicidades, rituales y pruebas que sólo tú y tu viejo amor pueden entender, compartir, disfrutar y valorar.

–Te sientes tan cómoda como en el viejo sofá en que miras la tele.

–Te sientes a salvo, como saberte por fin en casa.

Por otro lado, con un nuevo amor, al final también caerás en esa temida y predecible rutina, siempre que le des el chance de hacerse viejo, y la estrategia de reinventarse y redescubrirse por fin los salve.

Ellos y las "lolitas"

Cuando me vuelvo para mirarlos, los días de mi juventud parecen huir de mí en una ráfaga de pálidos deshechos reiterados, como esas nevadas matinales parecidas a papel usado y que el pasajero de tren ve arremolinarse tras el último vagón

Vladimir Nabokov

Hay quienes afirman que la Crisis de la Mediana Edad es puro mito. Niegan que exista esa etapa de cuestionamientos existenciales que nos acecha justo en el momento en que empezamos a sentirnos viejos y creemos que en adelante seremos apreciados por aquellos atributos no evidentes a la vista.

En contraste, hay quienes sustentan la existencia de la Crisis con base en una clara teoría de las etapas de la vida. Así, identifican la rebeldía y la arrechera insaciable de los veintes, la intrepidez sazonada con promiscuidad de los treintas, el alboroto exacerbado de los cuarentas, la melancolía libidinosa de los cincuentas...

El tema viene a cuento porque, si algo hay que no deja de asombrarme (aunque las mujeres ya deberíamos estar acostumbradas a esa patética actitud), es la manera como casi ningún ejemplar masculino que pase de los cuarenta escapa al síndrome de ternero degollado, que se expresa en la forma de mirar y devorar con ojitos de orgasmo a las chicas de veinte, a las de diecisiete y hasta a las de catorce. Casi ninguno está libre de esa obsesión con la carne joven propia de Humbert Humbert, el personaje de *Lolita*, la novela de Nabokov.

Una noche fui de rumba a una discoteca donde los amantes de la música de los ochenta acuden en masa para revivir tiempos más gratos. Me divertí de lo lindo viendo un grupo de señores mayorcitos, celebrando el típico encuentro de ex alumnos de algún colegio de la época de la Colonia. Estos veteranos pasaron la velada completa tratando de seducir, sin éxito, a una espectacular morena tipo Pocahontas, con medidas 90-60-90. La chica estaba ataviada con una minifalda que, ante cualquier mal movimiento o sentada inapropiada, revelaba hasta la campanita. El atuendo lo completaba un *top* de animal *print*, con un generoso escote que dejaba apreciar a la perfección el tamaño y forma de sus túrgidos senos de 300cc de silicona.

No puedo negar que, al principio, sentí la clase de envidia que carcome a una mujer cuando advierte que otra con un culo más firme que el suyo acapara todas las miradas. Sin importar el hecho de que lucía lobísima, me hacía sentir mal. Violaba con flagrancia mi regla de oro del estilo: "o muestras las piernas o muestras las tetas, jamás ambas cosas al mismo tiempo", y sin embargo, su transgresión estaba causando todo un revuelo al interior del bar.

Por fortuna para mí, la desazón pasó una vez los viejitos verdes empezaron a enviarle a la *vedette* en cuestión Martinis, Margaritas y Mojitos que ella rechazaba con un gracioso movimiento de su lustrosa melena azabache, al tiempo que ignoraba con evidente displicencia sus "pss pss". Empecé a reírme de lo lindo al descubrir que el espectáculo que se ofrecía a mis ojos era material jugoso para mi oficio. Me reí aun más cuando la situación fue aderezada con el mordaz comentario de mi pareja: "esos manes están locos si creen que esa pelada se va a ir con ellos".

Pero la verdad era que no, no estaban locos, sino en *crisis*, en la famosa Crisis de la Mediana Edad, que puede abarcar varias décadas, de los 40 a los 70 años. La Crisis hace actuar a los señores como autómatas descerebrados frente a los encantos de una jovencita que bien podría ser su hija o, peor que eso, su nieta. Asumen su conquista con un optimismo fuera de toda lógica. Para ellos es la prueba irrefutable de su virilidad, en momentos en que ya está en decadencia.

Muchos hombres miran su inminente vejez como un abismo insalvable del que deben alejarse con todas sus fuerzas y artimañas. Esa idea los induce a cometer actos tan desatinados como abandonar a la mujer con la que han vivido veinte años o más, con la que han compartido las tres primeras partes de su vida adulta, la única con la que todavía pueden mirar la telenovela de las diez, en medio de ronquidos y pedos, y también disfrutar una copa en el ambiente sosegado de un piano bar que les invita a evocar los años idos. Todo lo dejan por la chica que se contonea a ritmo de reggaetón en una estruendosa disco, mientras ellos sienten que pierden el aliento, al tratar de terminar con algún decoro la tanda de baile.

Entonces llaga la adicción al *Viagra*, la ansiedad generada por tener que tirar cada noche a como dé lugar, el desvelo y la tortura de los celos, los tratamientos de fertilidad a una edad en la que se es más apto para malcriar nietos, que para criar niños concebidos *in vitro*.

Entre tanto, las mujeres que atravesamos la Crisis de la Mediana Edad, esa que nos sorprende a los 30, a los 40, a los 50… ¡a toda hora!, por fin podemos admitir que también sentimos debilidad por la carne joven.

La gran diferencia, y aquello que nos pone a salvo de excesivos patetismos, es que, dada nuestra innegable experiencia y capacidad sexual, somos apetecibles para cualquier hombre: los jóvenes deliciosamente inexpertos y los maduritos resueltos… y nos gustan y los apreciamos por igual.

Recreo

Lisa enciende el porro y el aire adquiere el olor dulzón y ahumado del hachís. Ese aroma tan conocido tiene para ella las cualidades de un bálsamo tranquilizador.

Ya puede anticipar los efectos de la hierba en todo su ser: la paz subsecuente, la incomparable nitidez y esplendor que adquieren los colores y los objetos cotidianos, la sensibilidad detonada al máximo en cada una de sus terminaciones nerviosas, la atenta liviandad de su mente y el valeverguismo que se apodera de ella y se manifiesta en esa risa idiota, abrupta e incesante, irreverente hilaridad libre de todo sentido.

Por eso se ha tomado su tiempo en un estudiado preámbulo: el de armar el cigarro y aspirarlo como si fuera un elixir, dejándose envolver por esa bruma azulada que Ray tanto desprecia. Lo hace como si, en efecto, el *joint*, que ha prendido en un íntimo acto de rebeldía y autocomplacencia, requiriera de preliminares.

Por suerte Ray ha quedado atrás, aunque sea por el momento. Todo en él se volvió predecible, rutinario como su horario de 8 a 12 y de 2 a 6. Por ahora Lisa está libre de su tiranía enmascarada en sobreprotección, de su constante desaprobación e intromisión en cada aspecto de su vida.

A su lado, en total actitud de cómplice, reposa Felipe, su joven fanático, quien espera con desusada paciencia que ella empiece el ritual de la auténtica seducción. La ha soñado como la diosa viviente de la lujuria y sólo anhela consumar su fantasía. Pero Lisa yace ahí, quieta, absorta en quién sabe qué, como inerte y expectante, todo a la vez.

Felipe es consciente de que debe hacer algo enseguida, aprovechar ese precioso instante de real proximidad. Como en una perfecta toma en *close up*, aprecia con fascinación cada gesto en la cara de Lisa. Siente su respiración y el latir de la vida en sus sienes, en su piel luminosa, en la belleza de sus formas... Ha traído a Lisa hasta allí, hasta su espacio "sagrado", para seducirla con palabras sabias que toma prestadas de hombres lúcidos, cuyo pensamiento atemporal les ha ganado un sitial en la eternidad. Cita a Platón, a Thoreau... a esos capaces de contribuir a derribar en una mujer única, como Lisa, el denso muro invisible que los separa.

Sabe que para abordar su cuerpo primero debe impresionar su intelecto, y Lisa, dados sus años y todo lo demás, no come cuento. En un instante de imprevisto silencio se atreve a arriesgarlo todo: la mira con una mezcla de arrobamiento y avidez y la acaricia con sutileza, rozando apenas sus mejillas, su mentón, su cuello... avanzando con sorprendente pericia hacia sus senos de pezones túrgidos, prestos a sucumbir a la conquista.

Lisa no se opone, más bien disfruta con agradecido mutismo cada pequeña y significativa movida de Felipe. Lo deja jugar con su pecho, lamerlo, excitarla sin prisas. Está dispuesta a ser subyugada siempre que ello no implique sometimiento.

Con la certeza de no estar aún en una posición emocional vulnerable, se abandona y cede al juego. Se deja desvestir, observar, besar, explorar y lamer hasta en el último resquicio de su ser. No hay nada que perder. Permite que Felipe, por fin, tome posesión absoluta de su cuerpo con un entusiasmo que raya en misticismo. Quiere experimentar lo que es ser venerada por alguien, y ahora puede dar fe de ello. Con cada embestida dulce y firme siente que casi levita de placer. La espera ha valido la pena. Además, Lisa se hartó de encarnar a la apetitosa rata perseguida por el famélico gato.

Ni siquiera piensa en el pecado. Devuelve cada caricia muy consciente de la fugacidad de ese instante robado. Fluye con el presente. Se interna en la boca de Felipe, juguetea con su lengua, prosigue descubriendo palmo a palmo el sabor de esa nueva piel, la textura y grosor de su pene... ahora le corresponde a ella tomar dominio de la situación y procede a cabalgarle con una cadencia que él apenas puede resistir.

Lisa goza mientras aprecia con reverencia la elaborada artimaña de seducción de su hermoso acompañante... y no sabe si lamentar o celebrar que el mundo esté lleno de hombres brutos, incapaces de "aliarse" a Thoreau para lograr que una mujer como ella les abra las piernas.

También aprendí que...

El sexo es una putería en pareja y estar en pareja es el mejor estado de todos, mientras la dicha dura.

El sexo tiene infinitas facetas: lo puedes usar como premio y también como castigo. Sus efectos en ambos casos, pueden ser devastadores.

El rechazo sexual tiene el poder de un el arma letal para aniquilar tu autoestima.

Existen los noctámbulos y también quienes preferimos los mañaneros.

En el sexo, por lo general, nadie tiene lo que quiere.

El antídoto contra la rutina no es cambiar de pareja, es cambiar la película. Al final del día, sin importar con quien, todo tiende a ir cuesta abajo.

Los viejos verdes nos llevan ventaja: se descararon primero, pero ya nosotras los estamos alcanzando.

El sexo está sobrevalorado, se le da demasiada importancia.

Hay quienes pueden vivir sin sexo y son felices.

CUARTA PARTE

Desde el tintero

Comodín

–La próxima lo hacemos con la luz prendida, –le dice él, con el más cautivador de los talantes, con ese tono íntimo común a los nuevos amantes…

Todo ha estado perfecto. El orgasmo recién agoniza en sutiles pulsaciones, mientras la mente de ella divaga en la ensoñación de quedarse allí por toda una eternidad. No quiere convocar nada que implique conclusión. Pero lo hace. Profana la magia. Esa premisa enunciada en modo cómplice está tomando fuerza, empieza a ejercer un poder perturbador.

Se levanta de la cama: unos brazos suplicantes tras de sí, una puerta que se cierra para abrir interrogantes que no importan, pero excitan. El agua limpia su vulva todavía enardecida, inflamada, arrasa todo vestigio de placer.

Ella piensa. El maldito acto de pensar se ha instalado allí. Porque el temido instante de la verdad se aproxima implacable, como el más feroz e impaciente de los enemigos. Ella lo sabe, pero se rehúsa, odia lo ineludible.

La oscuridad es el aliado de la inseguridad. Libera, ahuyenta el pudor. En especial cuando despierta una lujuria jamás soñada y te incita a develar tu prisma más lascivo y audaz, ese que jamás afloraría a la luz plena… cuando el miedo te inmoviliza ante la sola idea de desnudarte frente al otro con todo tu patrimonio de pliegues, desniveles, asperezas, alguna que otra cicatriz, una marca de nacimiento… tus cocos.

La penumbra es el amigo fiel de las chicas de medidas ordinarias. También de algunas que, siendo extraordinarias, no se lo creen.

La penumbra es el comodín de todas las mujeres. Se trate de un instante o de la vida entera.

La luz es para el hombre el aditivo imprescindible, combustible del fuego que lo consume y lo esclaviza hasta el delirio.

Él anhela redescubrir con sus ojos, lo que han palpado sus manos, lo que ha mordido su boca, lo que ha lamido su lengua, lo que ha clavado su miembro: anatomía sin cánones, geografía de insospechados e invitadores accidentes.

Ella no concibe develar ese misterio. Una puerta se cierra, un pensamiento oscuro y castrante persiste, domina. La magia ha sido profanada, el deseo huye adolorido, despavorido.

La primera sentencia inapelable: Vivirás un "verano"

¿Is it a crime?
that I still want you
Sade

Sonará a cliché afirmarlo, pero el "verano" o la abstinencia, sea voluntaria o no, forma parte de la experiencia humana tanto como la paja, los encoñes y las tusas.

Para mí, es inevitable recordar esos tiempos en que me privé del placer de un encuentro cuerpo a cuerpo. Apegada a mi promesa de llevar una vida monacal, me blindaba contra más decepciones. Fue una suerte de castigo autoimpuesto por todas las ocasiones en que cedí a mis más primitivos instintos, en un afán infructuoso por saciar, aunque fuera de manera circunstancial, mi abrumadora sed de amor.

Con el tiempo entendí que ni la promiscuidad ni la abstinencia serían la cura a mis males. Una buena dosis de "veranos" y de desenfrenos, que incluían desde dolorosos encoñes hasta infortunados tropezones, contribuyeron a hacerme más sabia. En consecuencia, hoy puedo disertar con cierta propiedad acerca de esas dos caras de una misma moneda.

Por eso, y por todo lo que he aprendido entre lágrimas y suspiros de placer, te dicto esta sentencia inapelable: Vivirás "un verano" o, tal vez, muchos. En todo caso, asúmelos más con humor que con dolor, porque la buena noticia es que estos algún día terminarán y te servirán.

Aunque reconozco que las sequías no son agradables –en especial si te obsesionas con la idea de no poder acceder a aquello que necesitas y anhelas–, después de haber pasado por varias reconozco que, en algunos momentos de la vida, son necesarias. Al fin y al cabo, la abstinencia bien manejada te permite tomar distancia, ver las cosas desde una perspectiva más lúcida y actuar en consecuencia. La "carne", es innegable, tiene el poder de aniquilar la voluntad y bloquear la inteligencia. Como lo afirma un amigo: "las neuronas no funcionan si enloquecen las hormonas". Por eso es necesario darle tiempo a las neuronas.

Para muchos, someterse a una abstinencia puede elevar el espíritu. También puede contribuir a centrarnos en aspectos que requieren una gran dosis de energía, enfoque y entrega. Pero el fantasma del deseo exacerbado, a causa de la no consumación de esos anhelos y fantasías eróticas, muchas veces insiste en acecharnos. La cuestión entonces se convierte en una lucha campal interior. La palabra "prohibido" o el concepto "no se puede" suelen hacernos buscar aquello de lo que se nos priva.

Pero, lo quieras o no, es seguro que tendrás tu "verano". De hecho, hay "veranos" circunstanciales ineludibles: duelos, enfermedades, rupturas, o todas esas situaciones en que por razones de edad o convicciones de cualquier tipo, no te sientes preparado(a) para asumir el sexo en plenitud.

¿Qué hacer, entonces?

Pienso que el primer paso para afrontar la situación es mirar adentro, identificar lo que perseguimos cuando nos sometemos a un "verano" y ser fieles a nuestro propósito.

Para estar preparados, podemos preguntarnos lo que haríamos o estaríamos dispuestos a hacer en caso de vernos inmersos en esa clase de soledad. Cuál sería nuestra actitud, si estamos a punto de enloquecer y no contamos con más instrumentos que nuestra propia anatomía. Lo cierto es que, cuando la sequía no se escoge sino que llega, no queda otra que aceptarla para no putearnos.

Debemos afincarnos en la convicción de que somos los amos de nuestro cuerpo, nuestra mente y nuestra voluntad. Liberarnos de la opinión ajena aporta una sensación de autoconfianza indescriptible. Por ello, sin hacer apología de la abstinencia, afirmo que cuando llega o la adoptas de manera voluntaria, es capitalizable y, créeme, hay muchos casos en los que la abstinencia puede obrar en beneficio de quien la vive o asume.

Aquí, algunos:

–La abstinencia es capitalizable para los adolescentes. Cuando entienden que carecen de la madurez que requiere una vida sexual activa, eluden ir tras "la manada", ceder a la presión social. Así se evitan embarazos indeseados, enfermedades de transmisión sexual, cáncer cervical o heridas emocionales que son productos de la culpa. También se blindan contra vínculos afectivos poco saludables.

–Los "veranos" son un recurso útil cuando se asimilan a una cuarentena, llámese abstinencia voluntaria y obligada del otro, cuando el añorado sosiego post encoñe o ruptura parece esquivo. Si no has vivido lo que es privarte literalmente de aquel o de aquello que te hace daño, como quien intenta superar una adicción, quiero contarte que una vez ganada la batalla te sentirás más que victorioso, invencible y, por cierto, preparado para no tener, así no más, tropezones o malas horas.

–Cuando la abstinencia sexual se asume de común acuerdo con tu pareja, a fin de darse un respiro y explorar niveles de comunicación y de intimidad distintos a la mera penetración, puede aportar sorpresas agradables. La llama de la pasión puede avivarse mediante juegos sexuales que, por consenso, no llegarán más lejos de lo acordado... hasta el momento justo.

–La abstinencia es benéfica cuando canalizas, y apuntas a la consecución de un logro, toda esa poderosa energía implícita en el sexo. Se trate de deporte, meditación o de cualquier otra meta, la abstinencia puede probarte el poder, la disciplina y la entereza que tienes para dominar tus instintos.

–La abstinencia te permite valorar lo necesario, natural y placentero del sexo. También es una buena excusa para hacer tus propios ejercicios de autoexploración, autoconocimiento y autogratificación; toda una ganancia para una vida sexual saludable.

Por eso mismo, y en conclusión, la abstinencia es asombrosamente útil para comprobar que, después de un largo período sin posibilidades de tener un encuentro cuerpo a cuerpo, los buenos polvos son bienvenidos como el más estremecedor aluvión que por fin desborda tu solitario desierto.

La segunda sentencia inapelable: Conocerás un infierno llamado tusa

Cuando el corazón duele, duele hasta morir
Wei Hui

Soy una experta en tusas. Confieso que empecé a padecerlas desde temprano, digamos que a partir del momento en que estuve apta para involucrarme sentimentalmente con alguien y la vida me abofeteó con la trillada frase "No eres tú, pero...", pronunciada por el depositario de mis ilusiones.

Admito que, pese a mis ingentes esfuerzos por hacer perdurar la magia en cada relación, hubo un largo período de mi existencia en que el amor se tornó tan esquivo y las tusas tan recurrentes, que llegué a pensar que una poderosa maldición se cernía sobre mí. Me sentía condenada a permanecer sola por toda la eternidad. Al final opté por imprimirle un toque de humor negro a la forma como me refería a mi patética vida amorosa. Mis amigos lloraban de la risa cuando, en una suerte de *stand up comedy* muy privado, narraba las veces que me habían zafado, engañado, botado, ninguneado... sin remedio. De ahí mi autoridad en la materia.

La tusa es... como una nube oscura que se ciñe sobre ti haciendo tu realidad sombría y sin expectativas, opacando todo lo que eres, sumiéndote en un importaculismo cargado de pesimismo y amargura que no te da chance para funcionar.

La tusa te convierte en una especie de zombi, apático a la vida, un ser sin emociones positivas y abrumado por una soledad tan concurrida (como diría el poeta Mario Benedetti) de recuerdos de ese ser indolente que te dejó o de ese o esa a quien, por motivos de marca mayor, dejaste.

Estar entusado es como vivir en una película en blanco y negro en la que el protagonista, el Dios con poderes absolutos sobre tu felicidad y desdicha, no eres tú, sino el otro o la otra a quien le has endosado una serie de atributos poco realistas que lo hacen inalcanzable y deseable hasta la obsesión. En la película de tu propia vida eres un(a) pobre pendejo(a), un actor de reparto que llena las escenas con una actuación deprimente, ambientada además con la música que caracterizaba tu idilio, y también con los olores, los sabores, los gestos y palabras que habían dado forma a ese amor perdido.

Por fortuna, al igual que todo en la vida, la tusa se supera. Si te sirve de consuelo, hoy río (quién lo diría) al ver lejana mi época de fluctuantes encoñes y decepciones. Por supuesto, no dejo de reconocer que la tusa es tal vez una de las pruebas más dolorosas que pueda experimentar un ser humano, tanto o más que una pérdida irremediable ocasionada por la muerte. ¡No exagero! La tusa es espantosa porque, además de la pérdida, en la mayoría de los casos involucra el horror de la humillación, del abandono y el rechazo. Se asume como una afrenta contra tu dignidad que deja muy mal parqueado tu amor propio.

Pero también es cierto que gracias a la tusa es ineludible conocerte, lo cual es bueno para madurar. Sobre todo, es bueno para que puedas burlarte de tu pasada desdicha. Así podrás contarles a tus amigas, entre Margaritas y mucha risa, cómo te pillaste a un ex en la cama con otra, lo que berreaste por eso y lo mucho que al final le agradeces a ese incidente. Con un poco más de esfuerzo, puedes escribir libros como este.

La tusa pone en evidencia aspectos de ti insospechados que, sin duda te avergonzarán por un buen rato. Te pone en situaciones tan extremas como suplicar literalmente por amor, volverte intensa, llorona, alcohólica, latosa, obcecada, bruta, vengativa, ilusa... peligrosa (si eres hombre puedes poner la lista en masculino).

Pero eso no es lo más grave. Lo peor de todo es que no existe antídoto ni conjuro contra las tusas y, cuando las superas, el temor a padecerlas de nuevo puede ser una suerte de fantasma, siempre acechante, que se te aparece hasta en los instantes más esplendorosos de tu idilio de telenovela mejicana. Tendrás detrás de ti a un fantasma inoportuno y cruel que te acompañará de por vida. La ventaja es que su asedió te volverá más cauta y, sin caer en la paranoia, estarás más atenta a las señales del desamor. Lo bueno de los fantasmas es que con ellos puedes hacerte la de la vista gorda, como si no existieran.

En lo que concierne al plano estrictamente sexual, la tusa pasa por sus etapas y, en ese sentido, es mejor atenerse a lo que viene. Yo las clasifico así:

El verano

Es ineludible, la tusa convoca un verano forzado. De hecho, el primer remezón de la tusa consiste en que te obliga a privarte del sexo con tu objeto de deseo o causante de tu desdicha. La situación puede sumir a cualquiera en la locura, en especial cuando el motivo de la ruptura ha sido un tercero.

Mi consejo para esta etapa es la cuarentena. Sí. Aléjate por cuarenta días o más de tu tormento. Si es posible, pon tierra de por medio y elimínalo de tu Facebook, de tu Smartphone, de todas tus libretas de teléfonos… Entre tanto, date duchazos de agua fría, entrena como nunca en el gimnasio, toma *Rescate*, *Equilit*, *Prozac* o cualquier antidepresivo recetado por tu loquero, y dale lata a un amigo dispuesto a aguantar lata. También está la paja, el vibrador, el tinieblo… todo se vale, siempre que te libre de la tortura de putearte con tu ex, en este caso el menos indicado.

La maldita culpa

En simultánea con el verano llega la inútil, insulsa, culpa. La culpa te hace cuestionarte mil veces sobre el mínimo detalle y adelantar y retroceder la película al instante en que todo se quebró. Es el momento del "¿por qué yo?", "¿por qué a mí?", "¿por qué hice…?", "¿por qué no hice?"

Si tu tusa obedece a los cachos, una vez pasado el impacto inicial de negación y reproche frente a lo ocurrido, puedes revertir a tu favor esa infidelidad que te está matando. La sola idea de tu amado tormento fornicando exquisitamente con otra persona terminará por obrar como un poderoso mecanismo de defensa que te protegerá de caer aún más bajo. Entenderás, por fin, que no vale la pena rogar por amor ni llorar por alguien que se divierte mientras tu sufres, alguien a quien, en realidad, poco o nada le importas.

Aunque tome su tiempo, acabarás por blindarte contra esos tropezones cuerpo a cuerpo en los que es fácil incurrir cuando tienes la traga revuelta. Eres vulnerable y el desgraciado en cuestión, muy consciente de ello, te mantiene en remojo enviándote señales sobre una posible reconciliación que en verdad nunca ocurrirá. Consejo: no llames, no busques, no hables, bórrate de su panorama. No te extrañe que vuelva justo cuando entienda que ya no te importa... y ojalá no te importe.

Patinar...

Patinar, para mí, es quedar atrapada en una situación que no te permite avanzar debido a la nostalgia por el otro y a la ilusión de volver, a pesar de... Todos patinamos en algún momento. De hecho, te sentencio a vivir un periodo de constantes retiradas y reencuentros, un empantanamiento de sexo furtivo, sucio, candente y desgastante que te hará sentir cada vez peor. Hasta que llegue la hora del desapego y el despegue, porque aunque lamas, gimas, te trepes y te inventes el mejor *blow job* de tu vida para reconquistar a tu ex, te prometo que llegará el momento en que la sensación de vacío post coito rebasará en gran medida el placer de un instante efímero. Cada faena con el ex o la ex recién ida será tan devastadora que la sola posibilidad de volver a sentirte como una cucaracha pisoteada será lo que en últimas te motivará a decirle adiós en serio.

El despecho

El otro extremo está perfectamente documentado en la música de carrilera: el de querer cortarte las venas con una cuchilla de afeitar, el de emborracharte y llamar a tu ex para implorarle o insultarlo, el de mandarle razones con intermediarios… o, en su defecto, putearte, repartirlo aquí y allá, y llorar como una Magdalena después del orgasmo fingido con un extraño bien intencionado. El despecho te lleva a fornicar mecánicamente, tal vez por no perder la costumbre, tal vez por vengarte, tal vez por probarte a ti misma que todavía puedes, o por todas las anteriores.

Elijas lo que elijas, habrá que vivirlo y asumirlo con actitud benevolente para contigo, ya se trate de llevar una vida monacal exenta de polvos fortuitos o de andar el camino de los instintos primarios. Aunque no lo recomiendo, si no eres de las que padecen el remordimiento asociado al sexo de una noche, es válido recorrer ese sendero. Quién quita que en ese "mientras tanto" logres ver estrellas en el firmamento de los polvos básicos que se echan por pura calentura y nada más.

El reestreno

Hasta que un día cualquiera (te lo juro, te lo prometo) el amor de nuevo te sonría, y te sorprenda sentirte a tus anchas con otro ser desnudo en tu cama, un ser con el que encajas pieza por pieza en cuerpo y alma.

Entonces habrá llegado la gloriosa hora del reestreno, de poner la imaginación al servicio de los megapolvos típicos de los maravillosos encoñes que te harán excitarte ante el menor roce y brillar como una estrella naciente. Porque la tusa, como el amor (gracias a Dios) sólo es eterna mientras dura.

El tamaño… ¿importa?

Believe me, sweety, I got enough to feed the needy
Notorious B.I.G, "Big Poppa"

Será porque soy de contextura pequeña. Será porque crecí entre mujeres a las que no se nos dio vislumbrar ni en sueños a un hombre desnudo antes de la adultez y, en consecuencia, no conté con referentes para establecer clasificaciones y preferencias. Será porque hasta ahora me he sentido cómoda con las parejas sexuales que he tenido en términos de dimensión, grosor, textura… Será por todas esas razones, que el tamaño del pene para mí no importa.

En contraste con mi indiferencia manifiesta frente al tamaño, tengo amigas adictas confesas a los XL y, como para muchos el tamaño importa, se me hizo imperioso incluir "aquí" el sensible tema, aunque fuese como nota final, una nota que corrió el riesgo de quedarse en el tintero.

Dado que mi falta de emotividad me llevaba a escribir con un interés distinto al de una gran mayoría, tuve que hacer una labor de documentación e investigación sobre el tema. Así corroboré que el tamaño del pene reviste para los hombres mayor importancia que para las mujeres, al punto de ser el aspecto sobre el cual muchos individuos basan su virilidad y, por ende, definen su actitud frente al sexo.

No en vano el tamaño es, hoy en día, el eje central de simposios y congresos de urología, donde no falta quien haga una ponencia sobre nuevos inventos, drogas, cirugías, aparatología y tratamientos, encaminados a liberar al hombre del Síndrome del

Pene Pequeño. Para mi sorpresa, esta patología es más común en tipos considerados normales o promedio, que en aquellos que en realidad tienen un micro pene. Sorprende tanta angustia sobre el tema, pese a que no es la longitud, sino el grosor, lo que verdaderamente incide en el placer proporcionado a la mujer durante el coito.

Según estudios realizados por expertos, se ha determinado que la sección más sensible de la vagina, profusa en terminaciones nerviosas, es el primer tercio o entrada de la misma. Los disparadores del placer femenino, tales como el clítoris o el Punto G, no requieren de un miembro grande para ser estimulados. El primero se encuentra situado en la parte superior de los labios menores y el segundo está a unos 4 ó 5 centímetros en el orificio vaginal.

A esto se suma que la vagina, debido a su elasticidad, tiene la cualidad de adaptarse a cualquier tamaño y que un pene muy grande suele causar más daño que placer, ya que al alcanzar el cuello uterino puede causar incomodidad y dolor a la mujer.

Si después de estar acostumbrada a una "talla" L o XL te pasas a una S o XS, es posible que al comienzo ese cambio te parezca traumático. Pero tu anatomía se irá amoldando a la nueva circunstancia. Aunque no lo creas, tu cuerpo a veces resulta ser más inteligente que tu cabeza y, en términos prácticos, duele menos pasar de mayor a menor, que de menor a mayor.

Entonces, ¿a qué viene tanto lío con el tamaño? Yo diría que, en esencia, es producto de los paradigmas que desde la infancia nos han inculcado con relación al tema, y esto no es exclusivo del pene, sino de todo lo que nos rodea. Desde que abrimos los ojos al mundo nos plantan en el cerebro que grande es equiparable a mejor.

De ahí que el Síndrome del Pene Pequeño, en la mayoría de los casos, obedezca a un trauma que los varones sufren desde la niñez. Las comparaciones crueles y burlas entre los de su mismo género, las películas triple X vistas en la adolescencia y la cultura machista en general enaltecen los falos monumentales. Todo este fenómeno se ha magnificado social y culturalmente al extremo de contaminar a su vez la mente femenina y su imaginario erótico.

Quizá por eso mismo no hay tipo machista que no haga alarde velado o explícito del tamaño de su pito, aunque en verdad lo tenga pequeño, y no hay mujer machista que no le siga la cuerda y frente a sus amigas también se ufane de lo grande que lo tiene su hombre o de lo grandes que a ella le gustan.

Tampoco faltan las despiadadas en extremo que, después del fin traumático y nada amigable de una relación amorosa, se dan a la tarea de propagar a los cuatro vientos que el ex amante ido la tenía chiquita. De ese modo, el pobre queda condenado a la degradación en el mercado del levante y el ligue, pues al margen de preferencias individuales, creer de antemano que el tipo que te gusta pertenece a la categoría XS no es precisamente un detonador de la libido femenina.

Algunos estudios dan cuenta de mujeres que, en la fase de excitación sexual, sienten la necesidad de ser llenadas y disfrutan la sensación de tener algo grande que estira su vagina. De tal modo que, a mayor tamaño, mayor satisfacción y orgasmos más intensos. Los estudios también mencionan casos, menos frecuentes, en que una marcada preferencia por los "grandes formatos" se expresa en incapacidad para sentirse satisfechas, pues ni el más grande de los penes parece ser suficiente para cubrir sus necesidades.

Como reflejo del arraigado paradigma del tamaño, hallamos en los *sex shops* infinidad de vibradores y consoladores de impresionantes y absurdas dimensiones, mucho más grandes que un pene real. En el peor de los casos, puede surgir una adicción por esos juguetes monumentales, hasta el punto de que nada distinto, menos un humano de proporciones normales, proporcione placer. Mi opinión es que no hay nada tan placentero como el intercambio en un cuerpo a cuerpo verdadero, con su prospecto de caricias y entrepiernes.

La buena noticia es que para todos hay en diversidad. En la población femenina hay opiniones y preferencias tan diversas que a muchos hombres les sorprendería saber que un número importante no considera el tamaño como un factor relevante a la hora de tener un encuentro cercano. No todas tienen particular preferencia por los chicos bien dotados o prueban sólo después de haber palpado. La realidad es que muchas huyen despavoridas ante un miembro de grandes proporciones, lo que de manera automática desvirtúa el mito de que todas las mujeres adoramos los penes enormes y fantaseamos con un falo que nos atraviesa.

Pero hay que reconocerlo, ni aun entre mujeres nos atrevemos a decir que preferimos un pene de normal a chico, por miedo a que las otras piensen que nos tocó uno pequeño… con lo que el tema del tamaño sigue siendo de importancia colectiva, sin importar que en el plano individual tengan mayor peso otros atributos, como la personalidad y la disponibilidad para complacer en la intimidad.

Mientras los hombres con penes grandes tienden a sentirse orgullosos de su atributo, sin importar su desempeño, aquel que padece el Síndrome del Pene Pequeño (con razón o sin ella) experimenta la tortura de suponer que es incapaz de satisfacer a su pareja, lo que disminuye su autoestima y, en los casos más dramáticos, inhibe para relacionarse íntimamente con otra persona.

El que se atribuya al género femenino fantasear con un pene grande, no necesariamente implica que esa sea la preferencia generalizada. En opinión de estudiosos sobre el tema, esta distorsión es tan difundida como la supuesta fantasía masculina con mujeres de pechos grandes.

Lo curioso de la situación es que, en términos de tamaño, los hombres y las mujeres parecemos coincidir por fin en una sola cosa: así como la mayoría de las mujeres no nos sentimos conformes con nuestra talla de *brassier*, la mayoría de los hombres quisiera tener un pene más largo que el que les tocó en suerte.

Lo paradójico del asunto es que, mientras los implantes de silicona figuran como la solución perfecta a la insatisfacción de las mujeres con ellas mismas y aunque los urólogos se devanan los sesos por hallar la fórmula que de manera certera haga crecer el miembro masculino, ni unas tetas grandes ni un pene largo son garantía de éxito en la cama.

Al final, el rollo del erotismo y la sexualidad, como la mayoría de los rollos en nuestra vida, está en el coco. Lo único grande y amplio que se requiere es una mente que pueda darle gusto al cuerpo con lo que se tiene. Pues, en términos de placer sexual, éste dura lo que dura dura.

Después de sentarme a llorar, aprendí que...

Tarde o temprano te romperán el corazón.

Aunque te duela, se supera.

El tamaño (también) es como la felicidad: subjetivo.

En el sexo la belleza no tiene cánones.

Todo (en especial lo malo) es "capitalizable".

Mi patrimonio de heridas

Tenía diecisiete y era virgen e inocente por represión, no por convicción. Tenía diecisiete y el deseo crecía impetuoso como un caballo desbocado imposible de domar. Acariciarse en solitario, explorarse hasta experimentar ese éxtasis recién descubierto, era el mayor alivio y el peor de los pecados.

Temía desflorarse por accidente, la espantaba sufrir esa clase de infortunios inducidos por la torpeza inherente a la consecución del placer supremo que te empuja hacia el límite. La horrorizaba perder eso que era su tesoro y su valía.

El vago recuerdo de lo que fue y ya no era la enternecía y la ofendía también, a propósito de esa pregunta post coito insolente, pero terapéutica:

–¿Cómo fue tu primera vez?

–Casi no me acuerdo, exenta de magia en todo caso.

–¿Con quién?

–Su nombre no importa. No fue ni es importante para mí.

–¿Ni en ese momento?

–Nunca, excepto por la culpa.

–¿Por qué la culpa?

–Porque era una tarada, porque creía que me iba a ir derechito al infierno. Porque las niñas bien no lo daban antes de tiempo y tenía mucho miedo de que se supiera. Y tampoco fue la gran cosa.

–¿Por qué lo hiciste?

–Porque sí, supongo. Por arrechera y por curiosidad. Me gustaba cómo me besaba, ¿sabes? Y pensé que hacerlo sería igual, o mejor. Nunca en mi vida había visto a un hombre desnudo. Nunca había tocado un pito en mi vida. Recuerdo que me pareció inmenso, duro y como de caucho. Él intentó penetrarme varias veces, pero no entraba, no cedía. Hasta que por fin me rasgó un poco, lo sentí, me dolió pero no sangré. Ahora no sé qué más pasó. No recuerdo que él se haya movido, que se haya venido. Pero sí me acuerdo de lo feliz y orgulloso que estaba de haberme partido, así decía, "partir". Para él era la gran vaina ser el primero. Me chantajeó con eso cuando quise dejarlo, cuando me di cuenta de que no me importaba que me hubiese desvirgado. No había un vínculo, yo creí que había algo, pero no hubo nada. Fui a misa muchas veces, sentía que mi vida era un infierno y le pedí perdón a Dios. No me atrevía a mirar a mi madre a los ojos; a mi padre, menos. La misma inocencia te lleva a pensar que eres impura.

–¿Fue un hombre mayor?

–No, diecisiete, dieciocho, igual que yo. Un pequeño cretino, en todo caso. Ahora lo sé y me da risa. Era tan tarado, inocente y torpe como yo, pero se creía la V… Se creía mi dueño. Pero es extraño, porque yo creía que lo amaba, ¿sabes? Creía que le debía algo. Estuve atada a él de una manera rara: queriendo y no queriendo dejarlo, sometida por un deseo que no me representaba placer alguno, era un ansia que no se equiparaba con la consumación. Por más que intento no puedo acordarme de él y yo haciendo el amor. Me penetró, pero creo que nunca hicimos el amor, ni tampoco tuvimos sexo pasional. Nunca sentí placer genuino. Así pasó mucho tiempo y creí que eso era todo, que el sexo era así.

–¿Cuándo descubriste que era distinto, que podías gozar como lo haces ahora?

–¡Uf!, siglos después. Me tomó años y varios tipos. Dolía, por eso todos creyeron que eran el primero… o el segundo. No es fácil deshacerte del remordimiento de tirar. Después del primero todos los demás son segundos, hasta que cumples cuarenta y has perdido la cuenta de cuántos te has tirado y no te interesa aparentar ni justificarte con nadie. Putos somos todos. No te ufanas, pero tampoco mientes. Tampoco me acuerdo de mi primer orgasmo, ni del primer hombre que me proporcionó uno. En realidad yo fui la primera en proporcionarme un verdadero orgasmo, mucho antes de perder la virginidad. Más bien recuerdo el amor, esa sensación de arrobamiento, de caminar como entre las nubes y sentirte en un estado de plenitud indescriptible. Creo que el querer vivir de nuevo tiene que ver mucho con eso, con volver a experimentar el amor en esa forma que jamás volverá. Me acuerdo del primer hombre que me amó con locura, del primero con quien viví un encoñe bravo que apenas me daba tregua para pensar. Pero el primer orgasmo me lo proporcioné yo y no me acuerdo dónde ni cuándo.

–¿Y después?

–Todavía soy la única que sabe cómo conseguirlos a voluntad.

–¿?

–Pero no renuncio al goce del intercambio de dos. No renuncio al acto de ser penetrada por un hombre y lograr un orgasmo de dos. Ahora sé cómo guiarlo.

–¿Y después qué vino?

–Muchos polvos, infinitos. Buenos y malos, y muchas lágrimas, desaciertos. Mucha prueba y error. He perdido la cuenta de los polvos y también de todas las veces que lloré, en verdad son incontables. Puedo revivir cada decepción como si fuera hoy. Puedo recrear la pérdida, la ruptura, el rechazo, el desengaño, la impotencia, la desesperanza, la inseguridad, la torpeza y la humillación de querer tener a alguien y no poder conseguirlo, la sensación de indefensión e insignificancia que te produce no sentirte amada.

Recuerdo episodios aislados de mi vida con distintos hombres y un mismo suplicio, el suplicio de haber querido retener un amor imposible y llorar como un río, con el corazón adolorido, sentada en un andén como cualquier mendigo. Puedo traerlo aquí y ahora y contártelo sin ninguna emoción. Puedo mostrarte mi patrimonio de heridas y reírme ahora de todo eso. Diría que hasta siento orgullo. Toda experiencia es una inversión. El viaje ha sido largo y tortuoso, ¿sabes? Pero productivo. El aprendizaje ha sido intenso. Por eso escribo.

Notas

1. Fuente: **BBCMUNDO.com**. **http://news.bbc.co.uk/hi/spanish/science/newsid_7325000/7325215.stm**

Gracias a esta página entendí por qué los polvos de gallo son válidos.

***

2. **http://elnombre–eslodemenos.blogspot.com/2010/10/como–encontrar–el–punto–g–femenino.html**

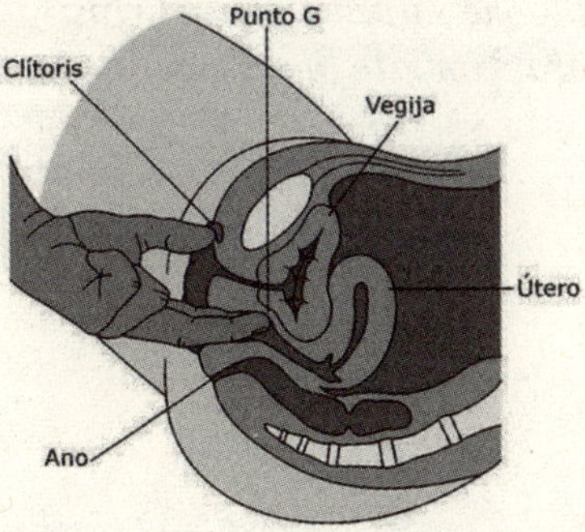

Tanto misterio y resulta que el Punto G, queda ahí mismito. "Aquí" aprendí que puede ser una especie de extensión del clítoris, que también cambia de tamaño y de posición a medida que los niveles hormonales de la mujer cambian con la edad. ¿Será por eso que para las más viejas es más fácil ver estrellas?

3. **http://www.cienciapopular.com/n/Biologia_y_Fosiles/Infidelidad/Infidelidad.php**
http://www.esmas.com/mujer/sexoyamor/amor/360657.html
http://emprendeus.wordpress.com/2006/11/01/la-genetica-en-la-infidelidad-de-las-mujeres/

Antes de leer "todo esto" juraba que los más putos eran ellos. Pero ¡qué va!

***

4. **http://www.terra.com.mx/mujer/articulo/148194/Genetica+influye+en+infidelidad+femenina.htm**
http://www.cienciapopular.com/n/Biologia_y_Fosiles/Infidelidad/Infidelidad.php

¿Será que la genética es la "culpable" de tanta putería?

***

5. Programa radial matutino del sacerdote eudista barranquillero, ALBERTO LINERO. Emisora Minuto de Dios Barranquilla AM 1370 fm88-108.nl.

Si el "man" está vivo, aún no lo sé. Quiero creer que sí. Soy católica (con muchas dudas) y voy a misa todos los domingos. Prometí hacerlo de por vida cuando me salvé de morir arrastrada por un arroyo de puro milagro. Ahora, con este libro, espero que no me excomulguen.

Agradecimientos

Quiero dar gracias infinitas a Gustavo Arango no sólo por ser el editor perfecto, sino por constituirse en la pieza clave que hizo posible este proyecto. Trabajar de la mano de un ser generoso y brillante, como él, ha sido una de las experiencias más gratificantes y enriquecedoras que he vivido. Gracias a Gustavo descubrí que para concebir un libro se necesita de química y también de una buena dosis de humor. En igual medida, agradezco a Manuel Lozano Pineda por ser el artífice de nuestro encuentro. Su intervención fue significativa y decisiva para poner cada cosa en su lugar.

Gracias a Ediciones B por atreverse a asumir el riesgo (que se corre con los nuevos escritores) y emprender esta aventura conmigo.

Gracias a Roberto Duarte y a Mayra Ríos por creer en mí desde el primer instante. Por darme la oportunidad de expresarme en las páginas de *Actual* y por animarme a derribar mis propias barreras.

Gracias a Gustavo Tatis, Paul Brito, JJ Junieles, Sebastián Franco y a Angélica Santamaria, por su disposición incondicional a apoyarme.

Gracias a mi hermana Mónica, por escucharme a diario… y por ser una de las mujeres más inteligentes y brutalmente honestas que conozco. Gracias a mi padre, Rafael, y a mi madre, Miriam, por estar siempre ahí y llenarme de optimismo en los momentos oscuros. Gracias a mis hermanas, Rochi y Clau, y a mi *hermano* Nando (Maturana) por ser partícipes de todos mis logros.

Gracias a todas las mujeres en mi vida. A las amigas entrañables, y también a esas menos cercanas, pero no menos queridas que me permitieron vislumbrar lo que había en sus mentes y en sus corazones. Sus vivencias además de inspirarme, le aportaron veracidad a lo escrito.

Por último, gracias a Paulo y a mis hijos, Paulo A. y Juliana, por ser el motor de mi vida, pero sobre todo, por permitirme robarles un tiempo valioso.

Este libro se terminó de imprimir en el mes de septiembre de 2013,
en los talleres litográficos de Nomos Impresores,
Diagonal 18Bis N° 41-17
Teléfono: 208 6500 - 208 6505
Bogotá - Colombia